JPC
HK

唯水是問

隱藏於香港水務歷史的人和事

陳子浩　黃曦諾
蔡元貴　Ling HO —————— 著

劉國偉 —————— 攝影

團隊謹把此著作獻給多年來

給予無限愛護和支持的家人和朋友

目錄

第三章　古今水務設施導賞

第四章　幽微的水務遺事

高添強序

前港督德輔爵士（Sir William Des Vœux, 1887-1891 在任）在其1903 年出版的回憶錄中，有以下一段記述：

> 對香港認識越深，便益發折服於先驅們在這樣的地方建立一座城市的膽識魄力。要知道這裡所有建築物，當中許多都擁有富麗堂皇的規模和外觀，其地基就跟全部道路一樣，都得從堅硬的花崗岩開鑿出來……然而在大量引人注目的公共和私人工程中，最耀眼的是快將竣工、從大潭谷把食水引進城市的工程。

此前，在第一本介紹香港史地的中文專著《香港雜記》（1894 年出版）中，作者陳鏸勳對當時的水務建設亦有以下描述：

> 水道之功程繁浩，英官於此苦心經營，非親歷其景者不知。試周遊百步林及大潭谷，不特見其心思之奧巧，並可知水源之曲折層出，足供一港之用，真有令人匪夷所思者。

香港雖然三面環海，更擁有著名的深水港——維多利亞港，但卻沒有大型的淡水湖泊，加上基岩不利於儲存地下水，因此早期的居民生活上只能仰賴降雨或山邊的溪流。香港雖說年均雨量達 2,200 多毫米，收集和儲藏寶貴的雨水卻殊不容易，旱年時有出現。

1851 年，居民開始鑿井取水。當時井水易受污染，人們經常染上痢疾。到了 1860 年，人口增加不少，陳舊而紊亂的供水系統，顯然難以應付。時任總督羅便臣爵士（Sir William Robinson, 1891-1898 在任）遂懸賞並公開徵求供水計劃。三年後薄扶林水塘落成、開始供水，但計劃規模太小，建成後並未有效紓緩當時的食水需求。水塘初期的儲水量只有 9,000 立方米，鐵水管沿薄扶林道輸送到市區，最遠只達中環畢打街。

及後政府擴建薄扶林水塘，更興修大潭及黃泥涌等公共水塘。由於此處的地理環境與英國不同，不能把英國沿用的開塘築壩工程技術移植過來，工程師需要因地制宜，在工程技術上推陳出新。例如大潭水塘，因地理位置關係，不能依英國傳統建造泥壩，而要興築混凝土堤壩，施工方式也要採用以鑽機開挖隧道的新方法，這對當時的建築工人構成重大挑戰。

至 1899 年，港島水塘的總容量達 5.36 億加侖。另有私用水塘包括太古洋行修築的三個較大的水塘，及一個位於香港仔、由大成紙廠建造的水塘等。

隨著租借新界，政府在 20 世紀初興建多個水塘，以解決因人口膨脹而引致食水需求劇增的問題。1898 年，政府委派工程隊伍在新界進行勘察，以應對九龍半島的食水需求。政府後於 1901 年興建九龍水塘及其相關設施，包括濾水池和引水管，亦在油麻地上海街興建抽水站，以配合九龍半島的供水服務。九龍水塘在 1910 年完成，總容量為 3.5 億加侖。隨著食水需求增加，政府在 1922 年擴建九龍水塘，使其濾水能力增至每天 358 萬加侖。

除九龍水塘外，政府從 1923 年開始在城門谷興建城門水塘。由於工程浩大和需要興建連接港九兩岸的海底輸水設施，整個城門水塘工程歷時 16 年才告完成。具體項目包括城門水塘、九龍接收水塘、石梨貝濾水廠、海底輸水管等，尤其城門水塘的主壩高度，冠絕當時大英帝國及其一眾殖民地。

本書以大量歷史檔案為基礎，五位作者結合了自身工程和歷史知識，分析深入詳盡；闡述一些與工程有關的個案時，在廣闊的歷史場景中，特別注意到人的故事，除了一般政府官員和外籍工程師外，也包括華籍承包商和業界人士，這是過往的香港史專著中常常被忽略的一群，讀來趣味盎然。

為建立現代的供水系統，百多年來香港付出的代價不菲；另一方面，不論是技術規格還是專業理念，香港的水塘建設委實是偉大的工程。

因此，對研究香港工程建設的學者，乃至一眾愛好香港歷史的讀者而言，這是一本值得推薦的好書。

高添強

2025 年 1 月

岑智明序

當全球暖化問題越來越嚴重之際，水資源安全已成為重要議題。今天全球竟有一半人口每年至少一個月面對嚴重缺水的問題。回望香港開埠之初，缺乏水資源也是一個嚴重問題，尤其在 19 世紀後期開始，當供水追不上人口增長時，制水成為常態，香港的龐大水務發展工程亦應運而生。在這個背景下，《唯水是問：隱藏於香港水務歷史的人和事》帶給讀者很多鮮為人知的故事，而且這些故事的主角——早期的水務設施，原來都在我們身邊不遠處。其中一個故事甚至與我有點關係！

2015 年 8 月，應好友長春社文化古蹟資源中心前總幹事劉國偉先生邀請，參加了一場非常精彩的講座，題為「戰前九龍水務設施發展及現況」，由時任水務署高級工程師陳子浩先生主講。陳先生對研究歷史水務設施的熱誠和豐富的認識，讓我印象深刻，尤其當他提及京士柏氣象站底下仍然藏有前油蔴地配水庫的遺址，是九龍半島第一個供水系統的重要組成部分時，我感到非常詫異和興奮，原來香港天文台除了擁有 1883 年建成的總部大樓的歷史建築外，她的京士柏氣象站還腳踏在前油蔴地配水庫的遺址上。當年水務署人員曾進入配水庫，期間拍攝了很多珍貴照片，顯示配水庫內以紅磚築砌的牆壁、拱頂天花及支柱等結構，建築非常優美，與後來曝光的深水埗主教山配水庫頗為相似。能夠從陳先生提早得知這個鮮為人知的古蹟遺存，實在慶幸。之後我與香港科學館前總館長葉賜權先生討論與配水庫相關的三口水井位置問題，並與古物古蹟辦事處和古物諮詢委員會的成員進入配水庫考察，情況確實大開眼界，亦讓我與歷史水務設施結下了深刻的緣分。

近日，香港發現恐龍化石的消息亦引起一些熱話。其實古物和古蹟一直都存在於我們身邊，只是我們是否有求知慾去發現它們、認識它們、甚至研究和保護它們，讓它們的歷史價值得以彰顯，使我們的社區和城市更有文化內涵。在此衷心感謝本書作者團隊的熱誠和堅持，把多年累積的研究成果出版成書，將這些珍貴的歷史點滴帶給大家。

岑智明

香港天文台前台長

香港科技大學客席教授

何國標序

蒙編者邀請寫序而得以拜讀初稿，簡直眼前一亮，敢說這絕對是一本香港水務歷史百科全書，大多內容至今無人提及。

小弟勉強與水務歷史有點淵源，來自 2000 年 5 月寄給古物古蹟辦事處的一封信，再得到水務署前總工程師陳子浩兄襄助，把油麻地抽水站工程師宿舍辦公室（今紅磚屋）從市建局手中拯救回來。回望一切，已成歷史。

《唯水是問：隱藏於香港水務歷史的人和事》首章提及的三位外籍水務功臣查維克、谷柏和傑斯，為 19 世紀末九龍供水系統的里程碑，立下不少汗馬功勞。

話說 1892 年工務司谷柏向時任港督羅便臣首次提出一項九龍半島供水建議，建議根據 1890 年查維克「九龍供水方案」為藍本草擬而成，內容包括在集水區興建三個水井和橋壩，並在油麻地興建抽水站、清水池和配水庫。1895 年聖誕節前夕，抽水站正式運作，為油麻地、尖沙咀和紅磡村民提供食水。

今天渣甸山的谷柏道，正是紀念當年這位工務司。

25 年前，陳子浩兄慷慨相贈油麻地抽水站和二號水井連橋壩的彩色原圖副本，兩圖右下角均有谷柏簽名，我對此珍而藏之。另外，三個水井和紅磡配水庫建築圖則上，除了有谷柏名字外，還有傑斯和陳亞東簽名核實。

其中陳亞東正是本書次章介紹的早期重要水務承建華商。今天鵝頸橋附近的陳東里，正是因他命名。

2020 年 12 月，前深水埗配水庫意外曝光。該配水庫由第四街（今高街）14 號的同盛建築公司興建，總司理是吳子楚和吳子美兄弟。同盛當年是政府主要承建商，青山公路為其得意傑作，1911 年動工興建，歷時十載完成。

百年點滴，源遠流長，萬分感謝本書作者團隊翻閱無數憲報檔案，考證求真。書中圖片極之珍貴，絕大部分更是首次發表。

今年適逢油麻地抽水站建成 130 年，本書付梓逢時，可喜可賀。謹祝洛陽紙貴、一紙風行！

何國標

油麻地四祥號第四代東主

寫於甲辰年季冬多倫多

作者序

以往坊間或官方不少對本地昔日水務設施的討論上，均著眼於描述現存設施狀況的興建過程，或完工後的貢獻，鮮有談論在籌劃及興建間的靈魂人物，及他們當時面對的困境和箇中細節。本書冀望能從眾多歷史和專業文獻中，梳理出第二次世界大戰前後的水務設施和管理，凸顯出當時人物所能超越時代的限制，利用工程智慧，成就他們尋水的決心。還有一些被遺忘的水務故事及設施，當中原來在述說這個城市的發展過程，把它們再現，也許能引起大家對這小城多一點了解。

例如在百多年來被稱頌的首個公共水塘——薄扶林水塘，最初原是一個失敗工程，折射出在法治不興、私相授受的背景下，花費巨資建造的基建工程，最終只會得物無所用。由於未能解決食水及衛生問題，英國便派出真正的專家查維克展開獨立而公正的調查。結果「欽差大臣」查維克提出了多項帶領本港水務走進現代化的建議，因為觸及權貴的利益，於當時難以實行，卻在往後百年陸續實現，證明有質素和遠見的方案，絕對經得起時間考驗。

和查維克關係親如師徒的水務奇才谷柏則較為幸運，他來港原為執行查維克的水務建議，但這位極具眼光的年輕人明顯青出於藍。經谷柏改良的水務系統設計，不但可抵抗時間，還可抵禦戰亂，沿用至今。谷柏出色的表現，令他極速地登上部門之首，更在晉升數年後再上一層樓，被外派往斯里蘭卡。至於當時頭號重要的水務工程：九龍重力自流系統，便由另一位年輕工程師傑斯接手展開。

傑斯在任期間正值本港基建的黃金時期，私人市場不惜千金去獵取政府內部優秀的工程師，傑斯正是其中一員。由於他是整個九龍重力自流系統的核心人物，令港府不得不打破慣例，聘用傑斯加盟的事務所，興建九龍第二個、也是最主要的供水系統。挑上大樑的傑斯，也為這個水務系統帶來不少新思維，包括全港唯一的水塘界石，以及在 21 世紀初成為全城熱話的前深水埗配水庫。

和其他天然資源一樣，水資源是有限的，但渴望卻無窮無盡。面對都市發展面積持續擴大，人口急速增長，甫完成九龍重力自流系統，政府已展開新的供水系統研究。這時韓德臣接上了火棒，把他數年來對大帽山的水文研究，落實為城門水塘供水系統。香港早年的水務工程技術一直是亞洲之冠，也處於世界前列。而城門水塘的大壩，更是建塘者們自行研究製作而成，技術前無古人，令它取代了大潭篤水壩，成為當時的亞洲第一壩。偏偏誌慶這偉大工程的紀念碑，文字措辭卻平淡如水，箇中隱含特殊的歷史故事，本書將為大家拆解。

本港在 1940 年代被捲入太平洋戰爭中，經歷了三年零八個月的日佔歲月。戰後供水服務卻得以迅速恢復，除了歸功於前人遺下的優良水務基礎建設，還有各級員工立即重返崗位，為恢復正常供水眾志成城，積極投入工作。其中在戰時被困拘留營的積臣，雖然在人生的黃金歲月失去自由，但無礙他對本港水務的貢獻，尤其撰寫與水務工程和行政相關的論文，即使過了數十年，仍極具參考價值。

如果說英國人工程師是水務基建規劃的腦袋，四肢就可以用來形容執行興建工程的華人承判商。

最好的意念，沒有巧手的工藝，也是徒然。雖說維多利亞城的建造工程，本屬華人天下，但能承接政府大型項目，工程更可傳世成為古蹟的，則非當時得令的承判商不可，而建造大潭水塘、寶雲道輸水道及紅磡配水庫的，是當時甚具影響力的陳亞東。因為該公司成品工藝精湛，後來更被委託興建法院大樓「大葛樓」。縱然陳亞東家族的作品如今多已成為享有極高評價的古蹟，但整個家族突然淡出歷史舞台，如今更是鮮聞他們的存在，甚至連以陳亞東命名的灣仔陳東里，也沒有人意識到它是紀念 20 世紀初一位本地華人承建商。

但更具戲劇性的，是建造九龍水塘的曾瓊。曾瓊曾接近壟斷本港的石礦場，當時在行內可是風雲人物，政府亦委任他為九龍大型水務系統基建的承建商，這是不難理解的。可是九龍水塘大壩最後以「爛尾」收場，結果令人震驚。

陳亞東和曾瓊兩大家族在戰後幾乎全然淡出，但興建大潭篤水塘的生利建築，其靈魂人物林蔭泉和譚肇康，乃至其業務及後人一直到近年仍可尋索，好讓香港水務歷史和傳奇人物連繫到現代。更令人興奮的是，我們跟興建前深水埗配水庫的承辦商吳子美的孫兒吳漢雄先生聯絡，除了得悉一些關於興建配水庫的逸事，也讓水務歷史變得更可觸及。

前深水埗配水庫的開放，確實引起更多市民對水務歷史的興趣，但這些水務設施的用途和身世，原來也相當有趣。例如配水庫，便有不同的建造方式和功能，也是水務工程師的一大挑戰。縱觀眾多水務設施中，相信大家無法想像第一個公共供水系統，如今仍在服役，超過一個半世紀以來年中無休的，竟是一個鐵缸，它才是這個城市的供水傳奇。

除了一些廣為人知的水務設施，還有很多小水塘和水務遺蹟散落在城市之中，它們身世奇特，各有故事，傳奇之處不遜於其他知名的水務古蹟。

水務發展和本港衰榮與共，日佔時期的供水狀況，自然需要交代一下。原來靠著昔日水務工程務實和具前瞻性的設計，即使在戰亂中，仍能發揮作用。我們特別在此感謝台灣的林炳炎老先生容許我們收錄一幀由他擁有的日佔時期香港水道廠集體照。其後嘗試查找相片的背景，可惜不得要領，但它仍是日佔時期香港水務的珍貴影像記錄。

本書以薄扶林水塘開始，以薄扶林的古水道作結，文章的背後，卻是這本著作的緣起；當日因為要著手安排前深水埗配水庫的導賞訓練，認識了香港科學館前總館長、水務署水知園前顧問葉賜權先生，為深入了解香港水務歷史，他帶我們走訪薄扶林水塘和古水道，這個打從小學時便認識的地方，當時卻聽到一段不一樣的故事：一段比我們所認知的更有趣的故事，撰寫另類水務歷史的意念就此萌生。在此，我們也非常感謝葉先生為查維克和古水道的文章作出技術指導。

讓這著作意念得以落實的，還有幾位關鍵人物：就是另外幾位作者——陳子浩先生、黃曦諾先生、蔡元貴先生和負責歷史圖片翻拍和實地攝影的劉國偉先生，以及負責繪圖插畫的韓匀宜小姐。

因為水務歷史培訓的關係，得以認識水務署前總工程師陳子浩先生和前高級工程師黃曦諾先生。他們昔日的職責是工程人員，其實隱藏的身份是署方專責水務歷史的研究者。他們分別以筆名「水務歷史園丁」（陳子浩先生）和「吹水講古佬」（黃曦諾先生），在水務署內部刊物《點滴》發表多篇水務歷史文章，也熟知箇中秘辛和各類水務冷知識，實在有必要把他們多年的經驗和研究好好記錄下來。

能和陳、黃兩位合寫這類軟性的水務歷史，經歷相當愉快。他們不但有許多第一手資料，在行文過程中，還會對一些工程和技術作出評論和指導，感覺更像古今兩代工程師的超時空對話。再者，當某些內容在文獻探討上仍有不足時，他們更會多番到現場勘察才下筆，不帶半點苟且。

此外，基於近年香港有一股歷史研究熱潮，述說相關的歷史故事時，必須確定資料的準確性，這是出於社會責任。故此我們邀請了蔡元貴先生加入團隊，他從事文字工作超過 20 年，對資訊的準繩度非常執著，每每他指出文中的相榷之處，我們便會討論重作，保證內容真確可靠。

本書的另一個特色，就是由香港史學會總監劉國偉先生擔任攝影師。除了實地拍攝，劉先生還負起翻拍歷史圖片的重任；這些圖片可是首次展示，在拍攝和處理間均須格外用心。劉先生也是資深香港歷史研究者，近年積極發展其攝影才華，由一個歷史研究者透過鏡頭去述說歷史故事，相當令人期待。

就在全書行文完成之際，有人提出：內容會否涉及太多艱澀的專業詞彙？一語既出，立時令團隊啞然。或許我們太投入寫作，忽略了讀者來自五湖四海，一些我們以為很淺白的裝置，卻因名稱太專門而使讀者卻步，就此拜託香港城市大學前講師麥潤生先生為我們作一次審稿。基於他的意見，我們改寫了部分內容，更邀請了年輕畫師韓匀宜小姐繪製插畫以助解說，讓內容更生動易明，學生閱讀本書，更可順道上一課 STEAM（科學［Science］、科技［Technology］、工程［Engineering］、藝術［Art］、數學［Mathematics］），也是不錯的安排。在此我們感謝麥先生的用心指導。

雖然本書只以大半年時間編寫而成，但箇中內容卻是多年累積下來的資訊；例如在城門水塘的介紹，便用上了 Tymon Mellor 先生的第一手資料，為水塘興建過程以至立碑的歷史補白。另在文中提及前深水涉配水庫的天窗，是節錄在早前於《點滴》發表的研究成果。當時得到黃語晴小姐的協助，在澳洲取得當年該天窗的產品介紹書；亦得到陳學良先生和楊穎文小姐的幫忙，對天窗分布位置作現場考察；最後在打開天窗研究時，又得到潘新華博士和文家輝工程師的現場指導，藉此向諸位再次致謝。

在為研究撰稿時，搜集第一手資料絕不容易，幸得歷史資料搜集專家馮佩珊女士和李瑞翔先生的襄助。在找尋台灣拓殖株式會社及陳亞東的家族資料時，除了有馮女士為我們親身探索，也得到林揭諦小姐和林榮鈞博士對天主教墳場的概要指引，而海濱導賞會主席容浩生先生更在炎熱的天氣下，陪同團隊到天主教墳場尋找陳亞東，在各專家協力下，才多刻劃一點陳亞東家族的輪廓。對諸位的幫忙，團隊泥首以謝。此外，我們又得到葉佩嫦小姐、香港歷史研究社理事長李澤恩先生和陳學良先生的襄助同行，找到逾一世紀前文字所記錄的水務古蹟實體；而岑智昌先生、梁佩華小姐和廖子豐先生協助搜集歷史資料，加快了我們的工作進度，大家的支持教我們銘感五內。

我們亦感謝王啟聰先生、林揭諦小姐、張順光先生、曹民偉先生、劉立人先生和鄺嘉仕先生提供了歷史資訊、圖片和文物，讓本書生色不少。最重要的，還是得到水務署的協助，提供了珍貴的圖則和圖片，成為本著作重要的參考資料；基督教香港崇真會亦為我們的實地考察工作提供支援，特此對以上機構和每一位協助研究團隊的諸位，致上由衷謝意。

最後，非常感謝高添強先生、岑智明先生和何國標先生為本書撰寫序言。高、岑兩位是香港歷史殿堂級人物，我們對兩位的支持不勝銘感；而何先生除了是百年老店的掌舵人，還是當年提出保育油麻地抽水站的第一人，本身已是九龍水務歷史保育故事的序章，由他寫序，別具意義。

希望本書能為讀者帶來水務知識上的嶄新體會，日後探索香港水務歷史的足印，也感受到昔日香港水務開拓者的智慧。

香港開埠以前原居民製作的竹製水管（圖片由劉立人先生提供）

鳴謝（筆劃序）

文家輝　工程師	陳學良　先生
王啟聰　先生	馮佩珊　女士
岑智昌　先生	黃語晴　小姐
吳漢雄　先生	葉佩嫦　小姐
李瑞翔　先生	葉賜權　先生
李澤恩　先生	楊穎文　小姐
林炳炎　先生	梁佩華　小姐
林揭諦　小姐	潘新華　博士
林榮鈞　博士	劉立人　先生
容浩生　先生	鄺嘉仕　先生
曹民偉　先生	廖子豐　先生
張順光　先生	Mr. Tymon Mellor
麥潤生　先生	

機構：

水務署

基督教香港崇真會

STEAM 一刻

由水務歷史和基建所帶出的故事，難免涉及不少跨學科的專門名詞，看官未必能全然理解。以下將簡單介紹一些相關的詞彙，即使沒有科技或工程的背景，也可完全進入書中的世界。

集水水塘及其相關術語

集水水塘（impounding reservoir）：以收集天雨或地表水的蓄水設施。集水除了可以供水外，還可以作漁業、航運、防洪、灌溉之用。

重力壩（gravity dam）：水壩靠自身重量以對抗蓄水所產生的橫向推力。

取水塔（draw-off tower）：香港的水塘通常設有三至四個不同水深的閘掣，可以抽取不同深度的水。閘掣和水管會建在同一垂直建築物內。該垂直建築物，無論依傍於水壩，或獨立建在水塘之中，都稱為取水塔。

水掣房（valve house）：位於取水塔頂部的房間，可供運作人員入內操作水掣。

碗形溢洪道（bellmouth spillway）/ 溢洪道（spillway）：排走因暴雨或洪水所帶來過多儲水的水道，避免危及水壩穩定，屬於安全裝置。

排砂閥（scour valve）：位處水塘靠近水壩的底部，屬於安全裝置，既有排走積聚在壩底或取水口附近砂泥的功用，亦是緊急時協助降低蓄水位至下游的設備。

壩頂（dam crest）：水壩的頂部。通常會比最高蓄水位（top water level）更高，為了要避免暴雨下水漲，導致儲水經壩頂湧溢至下游，而傷及水壩下游坡面。

壩底（dam toe）：水壩之底部。原本未建水壩前河床的位置，以此起計為壩底高程（toe level）。按國際大壩協會（International Commission of Large Dams）的定義，由壩底至壩頂的垂直距離計算，高於 15 米，或 5 至 15 米高但蓄水量大於 300 萬立方米，就是大型水壩（large dam）。

靜水池（stilling basin）：建於溢洪道下方，以蓄起的池水來消除洪水由溢洪道高處湧下的水勢。

靜水池

壩芯（dam core）：水壩中央主要擋水部件，以不透水為目標。19 世紀早期的水壩會以高黏度不透水的黏土（clay）作為壩芯物料，現代會以混凝土為主。

壩芯

集水區（catchment / watershed / gathering ground）：水塘附近可供收集雨水河水的地區，可分為直接集水區和間接集水區，其需要透過人工構築物，如引水道、隧道等帶水入水塘，而非靠自然地勢就可流入水塘者，劃分為間接集水區。香港集水區有《水務條例》（第 102 章）所保護。

集水區

地表水（surface runoff）：土地吸收水分至飽滿程度，未能再被吸收而留在地表之上的水分，會沿地面高向低流，匯聚成河水溪水。

等高線（contour）：地圖中將實際地形上相同高程的地點而連成的線，從而描畫出地貌輪廓。

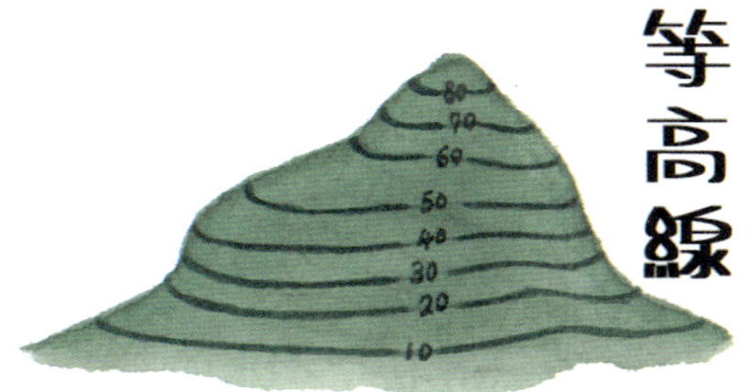

量水站（gauge basin）：舊時以物理方式，一條水槽以 V 形或長方形缺口的擋水板攔截，量度缺口的水深，可按算式計算出流量。

儀器記錄房（recorder house）：一幢單間房建築物，內裝儀器，記錄旁邊水道或水管流過的水量。

配水庫及其相關術語

配水庫（service reservoir）：儲存已處理或未經處理的水之人造構築物，以作分派。食水配水庫的蓋（cover）用以隔絕外物，並阻隔陽光照射，避免產生水藻而影響水質。

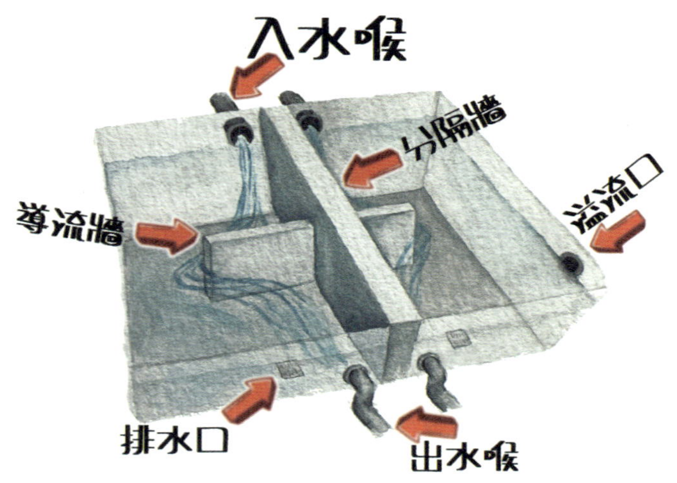

入水喉（inlet）：將水引入配水庫內的水喉。常設於配水庫的高位，但不一定要比最高蓄水位高。

出水喉（outlet）：將水帶離配水庫而進入供水網絡分派至下游用戶的水喉。安裝於接近配水庫底部位置，以盡可能將庫內的儲水送出。

溢流口（overflow）：與水塘的溢流道類似，屬於安全裝置。當進水速度大於出水速度時，庫內水位會抬升。萬一失控時，溢流口會分導過量的水離開配水庫，避免危及配水庫天花的建築結構。因此溢流口會設於配水庫最高蓄水位。

排水口（washout）：配水庫最低位處，以排走清洗配水庫時的清洗物。

分隔牆（division wall）：將配水庫內部空間大致分隔為兩等份，使每個空間可以獨立進水出水，方便逐一清洗間隔而毋須整體停止運作，以增加運作彈性。

導流牆（baffle walls）：引導進水有序地流經配水庫內的每一吋空間至出水口的高牆（比最高蓄水位更高），實現「先進先出」的設計原則，有效避免水過度停留在配水庫內，導致水質變差。

通氣井／疏氣井（ventilator）：密封式水設施必要的結構安全設備。水進入配水庫內部空間時，同等體積的空氣必須排走，否則造成室內增壓。同樣道理，水離開配水庫時必須有空氣注入填補空間，否則形成負壓。額外壓力會對結構造成不良影響。

拱券（arch）：一個結構部件，將來自上方的重量／荷載，透過半圓拱形式平均向拱卷兩邊底部下傳，藉以在半圓拱下方開出門洞。原理跟橫樑相似，只是以半圓拱形呈現。

塘尺（scale / vertical staff）：用可浸水物料（木或不鏽鋼），或畫於柱身／牆身的垂直且附有簡單刻度的水尺，可讓運作人員目測水深。

供水網絡及其相關術語

主水管（water mains）：如其名為主要水管，供應一街甚至一區的用水。這會分旁支水管至臨街樓宇或用水客戶。

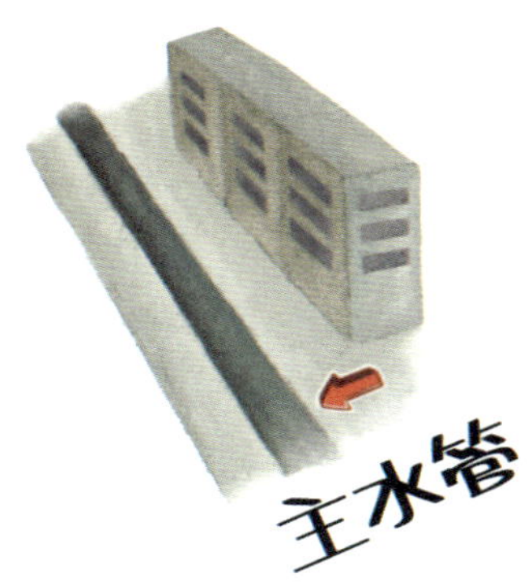

傍喉（rider mains）：從主水管分支出來的水喉，直徑比較細小。傍喉開端的第一個水掣主管供水至樓宇或用水客戶。關掉此水掣只會影響該水掣下游的樓宇或用戶，不會影響主水管的供水狀態。

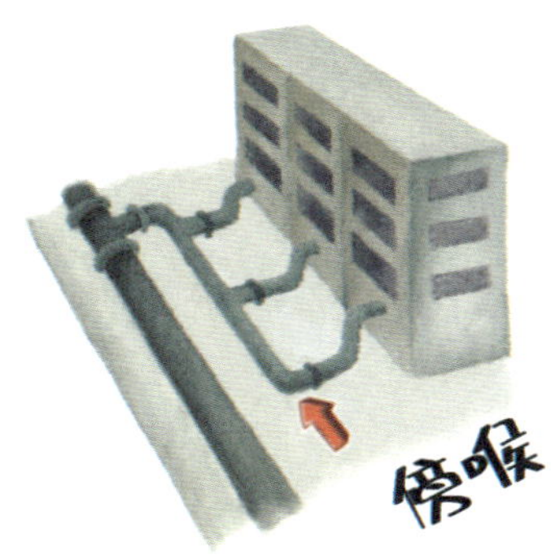

內部供水喉管（inside service）：屬於地段內用水客戶所負責設計、建造、運作和保養的供水喉管。為私人擁有，並不屬於供水機構所保養。

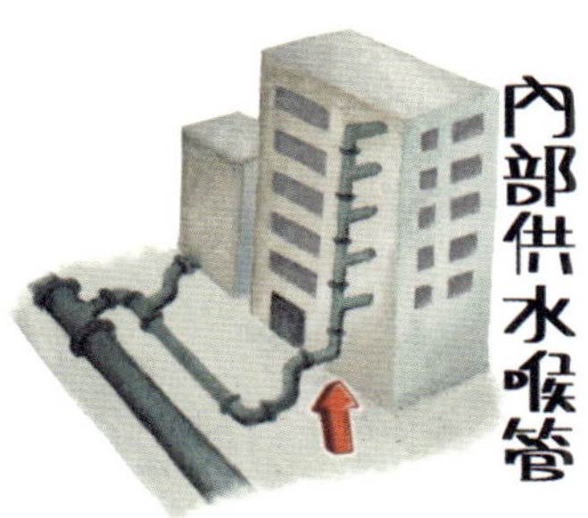

水錶（water meter）：屬於供水機構的資產，用水客戶在取得供水機構的供水時必須妥為保管，不應干擾讀數。

虹吸（siphon / syphon）：一種發生在管道內的水力現象。兩個載著液體的容器一高一低，以管道將兩個液體面連接，液體由高位容器出發，沿管道向上後轉而向下流至低位容器。原理是透過壓力差距先令液體引向上，越過管道頂端後藉液體自身重力向下墜落。同時因為液體有連綿不斷的特性，像鎖鏈般拉動餘下液體，這樣只需施加初段壓力差距的外在力量，便可抽水越過地形障礙，毋須額外動力。

倒虹吸（inverted siphon）：與虹吸的管道走法上下相反，即管道連接兩個高低容器的底部。液體由高位容器沿管道向下，因高位容器的液體壓力將液體逼過管道底端後再向上推，直至接入低位容器的底部，這樣便可連續將水運送而跨過外在障礙。

由於資料不少引用 20 世紀或以前的報告，貨幣單位除非特意指明，否則統一為港元，而度量衡單位皆引用原文，換算如下：

1 英加侖＝ 4.54609 公升

1 英呎＝ 30.48 公分

1 英吋＝ 2.54 公分

1 英畝＝ 4,046.8 平方米

1 英里＝ 1.6 公里

第一章

香港水務開拓時代

昔日英國人有一句古諺語：You may go to Hong Kong for me，如傳神地用廣東話直譯，就是：「香港，你去埋我嗰份」；再傳神地意譯，就是：「你唔好去死？」19 世紀末，雖然香港島和九龍半島被割讓，但英廷也是損兵折將，征夫難得幾人回。歸根究底，由於這個位處亞熱帶的地區水源不足，衞生欠佳，疫癘橫行，使遠征的英軍，不少安魂於快活谷。英廷唯有不斷差派水務專家來港，過程中除了用上當時最新的技術，也因應香港的地理環境，度身訂造水務設施。時至今日，我們仍可從這些早已成為古蹟的水務設施中，隔空認識這些水務專家的匠心，及積極為這小城開拓公共水源的志向。這些古蹟和設施，彷彿在告訴大家：「有志者，事竟成」。

童話不再的
薄扶林水塘

大多數香港人都聽過這段猶如童話般的歷史：從前香港食水水源不足，於是政府以豐厚獎金徵集解決方案，結果由一位軍方的工程師建議，把水源截存於薄扶林谷地使用，繼而獲獎，香港第一個公共水塘就此誕生……。但一如童話走到現實，公主和王子未必從此幸福生活，現實中的薄扶林水塘故事，同樣充滿政治角力，結局並非完美。

香港政府早年財政緊絀，主要收入來源是來自賣地與稅收，所以對第四任港督寶寧爵士（Sir John Bowring, 1854-1859 在任）而言，開拓可發展土地比投資公用資源更重要，故此他積極開發寶靈頓（Bowrington，即今天堅拿道鵝頸橋一帶），並開通寶靈頓明渠（Bowrington Canal）。至於和日常生活息息相關的供水問題，他認為應屬私營項目，因而無意投放資源，僅是在政治壓力下，在己連拿利谷安裝供水設施（詳見本書第三章之〈被遺忘的鐵缸傳奇〉一文），直至羅便臣爵士（Sir Hercules Robinson, 1859-1865 在任）繼任後，情況才有所改變。

羅便臣本身擁有豐富的行政經驗，而且表現優異，仕途扶搖直上。年屆 35 歲，便已獲派到香港成為最高首長，亦是史上最年輕的港督。在履新之後，他毫不猶豫地把開發可靠及穩定水源的任務，確認為政府職責。當時他下了一個讓港人在往後百年仍津津樂道的決定：以賞金 1,000 港元（或 210 英鎊），徵求一個可為維多利亞城提供充裕淨水的方案。當時一位港督私人秘書的年薪，才不過是 250 英鎊，可見賞金實在不菲。重賞之下，勇夫自然出現。

No. 98.

GOVERNMENT NOTIFICATION.

A Premium of One Thousand Dollars will be given by the Government for the best and most practicable Scheme for providing the City of Victoria with a constant and sufficient supply of Pure Water. The Report must be accompanied with Specifications, Plans, and Working Drawings, and a detailed Estimate of the whole service. It is not contemplated to expend a larger sum than £25,000, and it is hoped that the work may be efficiently executed for a much smaller outlay.

The Reports must be addressed to the Colonial Secretary, and reach his Office by noon of the 1st February, 1860, when they will be submitted to the decision of a Committee of non-competitors appointed for the purpose by His Excellency The Governor.

By Order,

W. T. MERCER,
Colonial Secretary.

Colonial Secretary's Office, Victoria, Hongkong, 14th October 1859.

1859 年《轅門報》刊出以重賞徵求供水良方之文字

不過，比賽的過程卻又惹人遐思；當時只有三人參賽，分別是博思（S. G. Bird）、域加（J. Walker）和皇家工兵隊的文職工程監督（Civilian Clerks of Work）羅寧（S. B. Rawling），[1] 而賽事評審委員會的成員為駐港皇家工兵（Royal Engineer）中校文尼、德意洋行的麥堅時和時任量地官急庇利（Charles St. George Cleverly, 1819-1897）。單看這個評審組合，結果呼之欲出。

到底勝出的羅寧靠的是實力還是關係，讓我們先看看他的計劃書再作判斷。羅寧在 1860 年 2 月 29 日的報告中有以下建議：

- 在薄扶林谷的峽谷處興建一條水壩以形成水塘，儲水容量為 3,000 萬加侖；
- 在薄扶林道和羅便臣道鋪設一條總長 17,400 呎、直徑 10 吋的鑄鐵喉管，每日可輸送 100 萬加侖的水量；
- 在 10 吋主喉管的末端興建一個容量為 20 萬加侖的水箱（即 1 號水箱）；
- 在太平山區般咸道南端，建設一個容量為 85 萬加侖的水箱，並與前一個水箱相連（即 2 號水箱）；
- 加設 30 條街喉和 125 個消防栓。

以上的計劃，是羅寧基於當時人口 64,581 人（49,880 人居民及 14,701 人艇戶漁民）為基礎，推斷即使岸上人口增至 6 萬人，每人每天仍可享有 15 加侖的食水供應。

羅寧方案的預計成本為 23,417.76 英鎊，但政府一委員會審視方案後，認為無必要為收集溪水而加建設施，因此建議把水壩降低至 15 呎，[2] 預算也修改為 22,700 英鎊，水塘的儲水量亦減至 200 萬加侖。[3]

有趣的是，在建議修改後，羅寧還提出一條龍服務，不但以 25,000 英鎊投標承包項目並獲接納，[4] 更得到軍部「慷慨借出」他擔任工程監督兩年，年薪 500 英鎊不變，更有每月 10 港元的馬匹津貼，以便他往返維城和薄扶林。[5] 結果工程在延期及超支下，於 1863 年以總成本 17 萬港元才能完成，費用是以港島房屋租值 2% 的水餉收入來支付。從此香港便有了第一個公共水塘。

如果是童話故事，香港水務新一章應在此劃上完美句號，可惜現實不是童話，真實的細節總教人不安。

修訂後的工程計劃雖省下了公帑 718 英鎊，儲水量卻大減 2,800 萬加侖，容量僅比一個水缸大少許，而且在工程進行期間，大量移民從內地不斷湧入，至工程完成一年後，用水人口已大幅增加，存水量根本不敷應用。以高額賞金招募加上投入大量資金建造的供水系統，結果卻是一項華而不實的基建，不出數年，薄扶林水塘的問題已全然浮上水面。大潭水塘的設計者裴樂士（John MacNeile Price, 1843-1922）甚至批評，這個水塘是得物無所用，要另行加建，之前所花的統統變成虧損。[6]

1866 年，時任港督麥當奴爵士（Sir Richard Graves MacDonnell, 1866-1872 在任）指出，當時薄扶林供水系統在乾旱季節，每天只能供應 408,000 加侖原水，因此他強烈建議要立即在薄扶林谷興建一個更大的集水水塘。時任量地官衛信（Wilberforce Wilson）進一步指出，這個裝設 10 吋直徑出水管的所謂「水塘」，在乾旱季節每日最多可從集水區截獲 108,000 加侖的地表水，於是他建議在薄扶林谷建造一個可容納 1 億加侖的水塘。

在麥當奴眼中，薄扶林水塘是一個「未完成」的工程，擴建在所難免，但對於衛信的方案，他亦有質疑；一則這位下屬的工作常有紕漏，對他難以信任，再者兩人關係已屆冰點，決裂只是遲早問題（其後衛信也被麥當奴革職），7 在一次談及水塘擴建工程的定例局會議上，衛信便受到這位上司狠批，更記錄在案：

> 敬請大家留意，實際情況已令我們在這方面沒太多選擇餘地。你們會發現，在工務工程預算的 137,000 港元中，高達 98,000 港元撥作完成薄扶林水塘工程。政府最初對這項工程的預算為 10 萬港元，因此決定啟動該項目，但現在看來，成本將翻倍——然而，奈何工程已完成一半，你們別無選擇，只能繼續進行……殖民地也會因僱員的偶爾無能而蒙受巨大損失……8

其後衛信的水塘擴建規模建議，再次被縮小至一個容量 6,800 萬加侖、集水面積 416 英畝的系統。這項工程連同在薄扶林道的溪流上建造的兩個小汲水口，在 1866 至 1871 年間進行，總成本約為 223,270 港元，幾乎是原水塘系統造價的 1.3 倍。此時，薄扶林水塘的儲水量是增加了，但仍難以滿足實際需要。原水塘已不僅僅是滿足家庭住戶生活所需，還要用於工業用途、灌溉，還有消防及清潔衛生等，都大大增加供水需求。9

後來加入政府的谷柏（Francis Alfred Cooper, 1860-1933），也試圖提出薄扶林水塘擴建方案，並建議在薄扶林道以東興建新水塘及有限度擴闊集水區的面積，新水塘出水喉管向薄扶林道以西山坡沿山勢走，再由基督教華人墳場附近轉入薄扶林道路底，之後沿路到達般咸道泵房旁，再新建一個沙濾池（見頁 40-41 的谷柏的薄扶林水塘擴建方案圖）。整個系統以重力自流運作，但預計建築費達 25 萬港元。如果建議採納，薄扶林水塘由起初計算，一共耗費達 643,270 港元，這在 19 世紀的香港，絕對是一個天價設施。

不過，建議最終沒有實行，原因未明，可能當時考慮到重建薄扶林水塘，只是一個選項而已，而且當時大潭水塘加高水壩 10 呎的工程快將完工，

羅寧設計的水壩，亦為香港首個公共水塘水壩，上方麻石件用生鐵件連接。（劉國偉攝）

這已可增加供應維城的蓄水量，加上黃泥涌水塘計劃亦已見雛形，似乎沒必要再花上額外公帑來補救薄扶林水塘的問題。此外，這個計劃最大的缺點，在於選址的地理位置較低，儲水不能單靠原有的薄扶林輸水道（Pokfulam Conduit）以重力自流的方式，輸送去西區一帶，所以需要重新建設一個輸水系統，甚至另外建造新抽水站，使成本一增再增。計劃的另一個缺點，是建議方案重複了原薄扶林水塘的集水區域，即僅由原本舊水塘的 416 英畝集水範圍稍增至 500 英畝，以支援原水塘和建議的新水塘運作，但實際集水量未見明顯增幅。在這些前提下，撥用大量資金來完成整體工程，可謂事倍功半，絕不划算。

薄扶林水塘的童話暫且告一段落，而整個故事的最大贏家，應該是羅寧：他不但贏得 1,000 港元獎金及 25,000 英鎊的工程合約，水塘建造期內另有薪金和津貼，更在往後的百多年，成為香港人歷史記憶上的公共水塘第一人，成為傳奇——即使歷史細節上充滿讓人啼笑皆非的無奈。

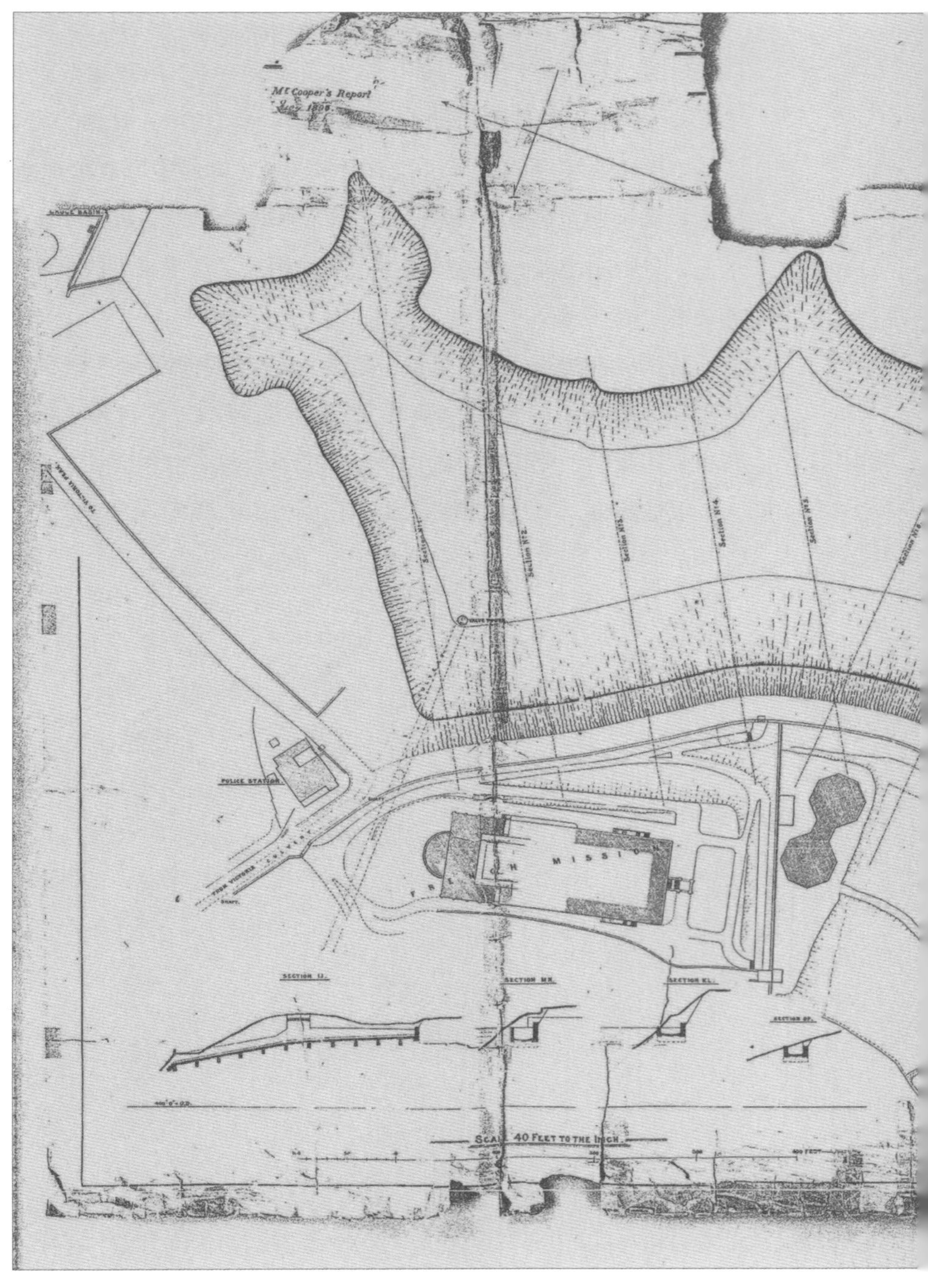

谷柏的薄扶林水塘擴建方案（圖片由水務署提供）

RESERVOIR AT POKFOOLUM.
This is a photographically reduced print and only the scale(s) shown may be used for measurement.
FRENCH MISSION.
Y FARM COMPANY LIMITED
W 237

香港現代水務奠基者查維克

19世紀中後期，初來報到的英軍及尋覓機會的外商，不少都難敵本土的疫癘，客死異鄉。英國曾派出多名政府醫官（colonial surgeon）來解決這棘手問題。可惜無論他們如何聲嘶力竭地要求改善食水、糧食以至居住環境衛生，基於政府財力有限及官紳商賈各有盤算，情況難以改善，好幾名醫官也落得染病甚至殉職的下場。10 直至皇家工兵團出身的土木工程師查維克（Osbert Chadwick, 1844-1913）奉命來港，才為香港帶入現代的水務基建及管理。雖然查維克只來香港三次，但他的建議及設計的水務工程設施，即使在戰時仍有效運作，部分更沿用至今。

1842年，英國律師艾文·查維克（Edwin Chadwick, 1800-1890）公布其撰寫的《英國勞動人口衛生狀況報告》（*Report on the Sanitary Condition of the Labouring Population of Great Britain 1842*）中，提出對房屋、食水及污水的處理，以改善工業革命後城市出現的嚴重公共衛生問題。由於報告的建議會影響當時權貴的利益，政府冷眼看待，這位後來成為英國公共衛生之父的律政精英，不但自掏腰包印製報告派發，以喚醒人民對貧民及公共衛生問題的關注，還成立公司處理污水和提供潔淨食水，以親證他建議的成效。

40年後，香港衛生情況仍然相當惡劣，時任港督軒尼詩爵士（Sir John Pope Hennessy, 1877-1882在任）與政府醫官及策劃興建大潭水塘的量地官（surveyor，後稱工務司）裴樂士，就改善華人衛生問題鬥得勢成水火，政府醫官更被辭退，情況越鬧越大，加上患熱帶癘疾致死的英兵持續高企，軍部對香港的衛生情況幾近忍無可忍的地步，此時英廷不得不介入，理藩院（Colonial Office，即殖民地部）認為有必要派遣一名工程師，就香港衛生情況進行公正並獨立的調查，是以委任艾文的兒子奧斯伯·查維克來港，[11] 調查香港公共衛生情況，並向理藩院（而非港府）直接提交報告。[12] 其後奧斯伯於 1881 年來港，在伍廷芳（1842-1922）等華人精英的協助下，完成視察及調查，於 1882 年編成《香港衛生狀況報告》（*Reports on the Sanitary Condition of Hong Kong* [with appendices and plans]），其後更呈交予英國國會上下議院審閱。

艾文·查維克並沒有把兒子帶入法律界，小查維克年幼時接受私塾教學，後來被送進烏烈芝皇家軍事學院（Royal Military Academy, Woolwich），成為皇家工兵團一員。其後更派往格林納達、馬爾他、千里達、毛里裘斯、牙買加等英國當時的殖民地，進行衛生及水利的改革。[13] 小查維克以工程專家的身份審視香港情況，發現這兒跟昔日其父親所見的倫敦有太多相似之處，他同樣在房屋、水務和法例上提出了改革藍本，並承襲父親的信念，提議透過建立法理框架及改革行政安排，及至有效管理，當中包括設立潔淨局（Sanitary Board）[14] 及納入政府編制的衛生督察。

一如 40 年前的英國，改善水務問題是當前急務，是以報告中針對食水問題作出下列建議：

- 訂立水務條例，強制市民管理有關設施及維修規格，遏止食水因水管爆裂滲漏，造成浪費；
- 均一用水收費，並仿效英國設立水錶，實行水費用者自付；
- 敷設水管伸延至各區，讓水資源平均分布，改善限時供水情況，避免水管因缺水而從裂縫中滲入污染物的風險；
- 建造水缸（cistern）儲水；
- 把鉛喉換成生鐵喉，改善水質；
- 清水及污水分開處理；

- 設立沙濾池過濾食水。

此外，鑑於港島供水問題造成的衛生窘境，報告亦提出要著手處理九龍半島供水問題，建議在油麻地以試驗性質開發水井，作為九龍半島的初步供水方案。

這些現在大部分看來都不陌生的措施，但當時卻被港府冷待，原因與他父親昔日的報告相同；因為報告提出包括了城市／樓宇供水和排污的改革，抵觸了一些商賈的利益，當中建議住房建築規格的改動，減少了業主可出租面積，亦干擾華人生活，引來華人業主強烈的反對聲音，更由華人精英領袖、潔淨局成員何啟爵士（Sir Kai Ho, 1859-1914）作為領導，他集合了47,000個簽名，反對報告建議的公共衛生條例，15 結果整個報告被束諸高閣。不過，小查維克只是英廷派來的「欽差大臣」，自然不會像父親般自資改革，完成報告後，他已被英廷調往馬爾他及其他地區進行龐大的水利基建改革。

查維克為處理馬爾他的用水短缺問題，透過興建堤壩來盡量截取雨水，成為人工河道，提供淡水資源。這個水利工程相當成功，不但令他在1886年獲頒授聖米迦勒及聖佐治勳章（Companion of St. Michael and St. George, C. M. G.），人工河道更命名為「查維克湖」（Chadwick Lake），該處至今仍是馬爾他人最喜愛的消閒地區之一。

完成馬爾他的工作後，於1890年，查維克被理藩院大臣委任為處理衛生事務的政府顧問工程師而再訪香江，以檢視其改革建議執行情況。為使查維克工作暢通無阻，港府不但即時委任他為潔淨局成員，而且任命他為議政局（即行政會議）非官守議員，讓他擁有一切所需的權力，去檢視及執行所有相關工作。然而，他發現在1882年提出的改革方案，僅有寸進。當中少數得以落實的建議，包括成立潔淨局、興建雅賓利沙濾池（Albany Filter Beds）和青草山沙濾池（West Point Filter Beds）、以及把水務渠務分拆成獨立部門。加入新部門的，是剛聘來香港的年輕工程師谷柏。他在查維克的指導下，完成多個水務工程，後來更成為新部門的靈魂人物，對香港的水務發展影響深遠（關於谷柏的事蹟另見本章之〈百年一遇的水務奇才谷柏〉）。

雅賓利沙濾池（圖片由林揭諦小姐提供）

另一項有進展的工作，是九龍供水建議的前期調查工作。這次來港，查維克旋即參與潔淨局的會議。會上他具體介紹 1882 年的九龍半島供水建議，並提出九龍供水實驗：在油麻地北部建造一個稱為「井」的大型地下儲水缸。當時查維克的試驗選址，約為現今培正道駕駛考試中心位置。在百多年前，它是幾個山谷的交匯點，當中有清澈的溪流，即使旱季時水源仍然充沛。於是他們在該處以磚築起一個直徑九呎的井壁，再下挖 10 呎，成為一口大井，將地下水截取，又向大潭借用電泵及敷設水管，把水輸往用戶處，作為測試之用。

實驗由 1891 年 12 月 3 日進行至 1892 年 3 月 16 日，證實在香港的旱季每天仍可以用水泵抽水 10 萬加侖，除了少數日子有機器故障外，每天均抽到相約數量的原水，而平均地下水位亦未有明顯減少。一號水井實驗可謂相當成功，證明計劃可行。隨後政府於現時亞皆老街窩打老道交界（於中電鐘樓文化館對出位置）及衛理道公主道交界（即鄰近京士柏一帶）分別興建二號井和三號井，至1895年落成啟用。當時估算三個水井的全年抽水量，應可維持當時九龍一萬多人每人每日十加侖水的需求。

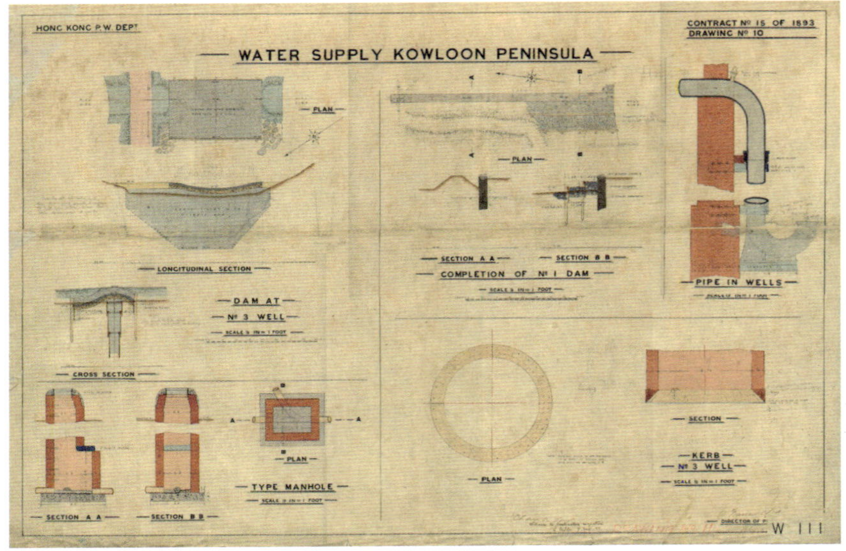

三井圖則，右下方為谷柏簽名，中下方為承建商陳亞東簽名。（圖片由水務署提供）

一號井位置（圖片來源：*The National Archives (UK)*, ref. CO1069/446）

二號井位置，中央圓形物件為二號。（圖片來源：*The National Archives (UK)*, ref. CO1069/446）

三井的工程包括五部分：（1）將四個谷地（即三個水井谷地和與油麻地相連的谷地）保留作水務用途；（2）建立三口約30呎深的地下水井每日提供23.2萬加侖的食水；（3）鋪設地下水管，將水從水井送往油麻地（水管位置約為現時窩打老道）；（4）在油麻地建立抽水站（即窩打老道紅磚屋），將水泵往旁邊230呎高的山上儲水庫（即前油蔴地配水庫）；及（5）將食水再輸往九龍各區。

香港所有水塘均是設計來收集地面的水，但九龍三井主要收取地下水，且九龍半島的地勢不高，因此水管安裝改為接近路面，並採用虹吸法吸井內的水至下游的地下蓄水缸。查維克巧妙地利用約20呎的水位差距，以虹吸管方式將入水管保持在井內。最後，原水經油麻地的地下蓄水缸收集後，由油麻地抽水站先輸送往京士柏和紅磡附近山上的配水庫，再利用重力經街喉向九龍的居民供水。16

三井供水系統所應用的技術在香港是獨一無二的，17 也是在欠缺天然地

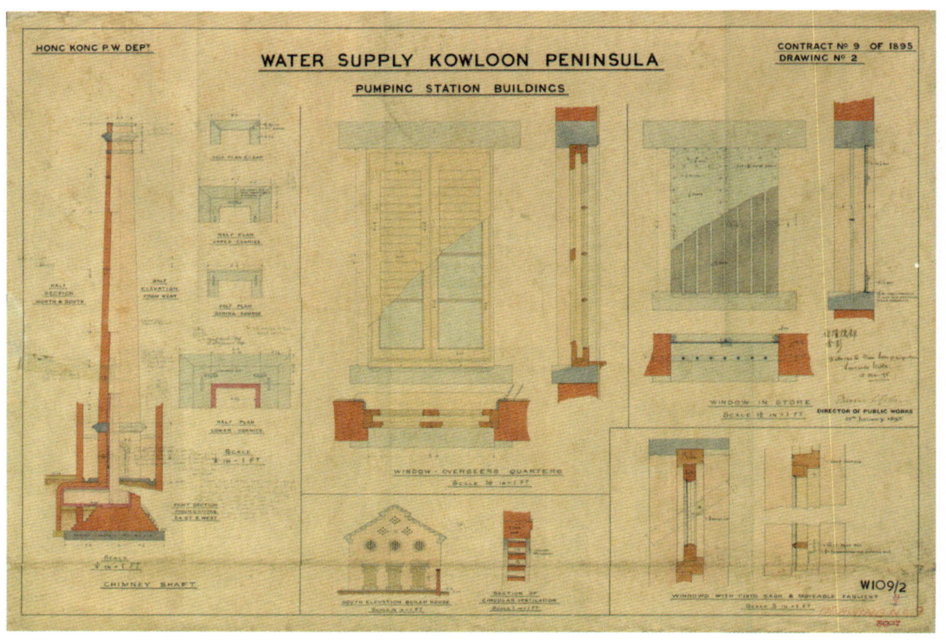

油麻地抽水站圖則（圖片由水務署提供）

油麻地抽水站機房（圖片來源：*The National Archives (UK)*, ref. CO1069/446）

油麻地抽水站鍋爐 （圖片來源：*The National Archives (UK)*, ref. CO1069/446）

理條件下，建立一個可令九龍半島發展的水務基建。然而這項挖空心思完成的水務基建，仍有不少缺點；以蒸氣推動的油麻地抽水站水泵，燃料用上高質的日本煤炭，價值自然不菲，這對財政緊絀的政府絕對是百上加斤。敷設喉管的安排及分布並非易事，不少私人機構為得到可靠的食水供應，更不惜自資敷設喉管。正當萬事俱備，1895 年卻遇上大旱，其時油麻地抽水站兩組水泵驅動的輸水系統，竟有一組發生故障，一下子「水泵壞兼遇大旱」，引致民怨沸騰，事件在水泵搶修成功後才告一段落。

重臨香港的查維克，意識到《香港衛生狀況報告》的建議被冷待，而他絞盡腦汁設計三井系統，只可作為九龍供水的權宜之計。正如他在報告中提過，九龍半島最理想的水源，位於界限街以北的山嶺之處，但該處屬於當時清政府範圍，只能遙望興嘆。

然而，計劃往往追不上變化；查維克又怎會想到，就在他第二次離港的四年後，香港捲入鼠疫第三次全球大流行中，導致大量人口死亡或逃離，迫使政府開始認真對待查維克塵封 12 年的報告。

與此同時，在油麻地三井供水系統完成後三年（1898 年），英國與清廷簽訂了《展拓香港界址專條》，查維克曾經心儀界限街以北的水源，不用再望洋興嘆，這也意味著他精心設計的九龍水井供水系統要草草落幕，將由九龍重力自流系統供水工程所取代。

此時，查維克在香港的主要工作啟動了三頭馬車，包括研究谷柏的大潭篤水塘建議、山頂供水系統的具體方案、以及指導另一位來港履新的年輕工程師傑斯，策劃並執行九龍供水計劃（傑斯事蹟另見本章之〈傑斯和記錄時代交替的九龍水塘〉）。

1902 年，查維克再到香港審視公共衛生狀況，這次理藩院更派出倫敦國王學院熱病學教授善臣教授（Professor W. J. Simpson, 1855-1931），一同調查鼠疫揮之不去的原因，但實情卻教兩位專家沮喪。1902 年的香港衛生環境似乎更遜於 1882 年，查維克提出的房屋及用水管理的建議，被指為業主帶來莫大壓力，例如改動房屋建築既花錢又減少出租面積，加裝水錶亦費功夫，建議根本並沒怎樣落實。於是在 20 年間，鼠疫除了在 1894 年大爆發，疫情仍間歇發生。

查維克眼見官民對改善環境以遏止疫情所實行的措施，只是實行一般清潔，卻未打算從根本改善，縱然感覺並不良好，也只能按其技術專家的身份，對水務、渠務、排污、建屋提出建議，盡力改善環境衛生。關於香港公共衛生問題的癥結，他交由善臣教授以醫學角度向政府闡述。於是善臣教授在另行提交的《香港防疫初步備忘錄》（*Preliminary Memoranda on Plague*

Prevention in Hong Kong）中，把查維克助攻傳來的一球直接射門，直指查維克報告中的房屋建築改革建議未有切實執行，成為疫情驅之不去的因由。[18]

這次是查維克第三次、也是最後一次來港工作。他撰寫了具體詳盡的《香港衛生狀況初步報告》（*Preliminary Report on the Sanitary Condition of Hong Kong*），當中提出多項極具遠見的方案，為 20 世紀的水務發展奠定路向，部分建議如下：

- 盡快執行谷柏提出的大潭篤水塘建議；
- 增加水費，[19] 並立法規定用戶安裝水錶，使食水按用量收費，減少浪費，否則截斷用戶的自來水供應，只能在街喉取水使用；
- 以「水年」作統計周期，來收集總集水量及耗水量的資料，水年由每年 5 月 1 日開始；[20]
- 仔細研究新界可設集水區及水塘的地點，一旦有合適的地點須予以保留，不作其他發展；
- 以海水沖廁。

查維克專用的木尺，用以測度九龍水塘的溢流量。

1891年，查維克曾力薦年僅31歲的谷柏接替任內去世的布朗（Samuel Brown, 1836-1891），擔任工務司（後稱工務局局長）一職。眼見谷柏在與他一同研究九龍水井和半山供水中，表現十分出色，深信谷柏能完全承擔香港水務、渠務以及其他工務發展的重任，是以他在《香港衛生狀況初步報告》中，宣布辭任顧問工程師一職（職權相等於工務司），為他在香港斷斷續續20年的服務生涯劃上句號。

1902年5月19日，查維克登上郵輪「日本皇后號」返回英國，船上還有退休的滙豐銀行大班昃臣（Thomas Jackson, 1841-1915）和怡和大班貝伊榮（J. J. Bell-Irving, 1859-1936）。查維克在1898年起，受聘為倫敦大學學院首位查維克土木工程講座教授[21]至1911年，於離任兩年後的9月在蘇格蘭去世，享年69歲，終身未娶。

百年一遇的水務奇才谷柏

早年加入工務司署的英國工程師，多是 20 多歲的年輕小伙子，香港成了他們實踐並考驗實力的地方。28 歲來港擔任衛生工程師（sanitary surveyor）的谷柏，在工務司署的表現異常出色，對香港水務系統的建設和發展影響深遠。如果說查維克是香港現代水務的奠基者，谷柏則是執行和拓展的先驅。

19 世紀末，迅速城市化的香港，無論是公共或私營的基建發展，均進行得如火如荼。從昔日工務司署的報告發現，這個當時人手編制本已不算充裕的部門，經常匯報有人事變動。員工離任的原因，部分是轉投私人市場掘金，而因病重或病歿去職的也為數不少，是以該部門人手經常短缺。在這背景下，只要是能幹的人，不愁沒發展。倘若表現傑出，又會如何？那就是谷柏的故事了。

谷柏來港前師從 James Mansergh（1834-1905），[22] 由 1879 年開始一直在 Mansergh 之下的辦公室工作。相信他曾跟隨師父為倫敦泰晤士河解決雨水和排污問題，為他奠下籌劃供水和排污工程的實務基礎。[23] 1887 年底，他獲聘為香港衛生工程師（年薪 3,000 港元，僅次於助理工務司 [assistant surveyor general] 的 3,360 港元，和當時負責興建大潭供水工程的工程師 [resident engineer] 柯寧 [24] [James Orange] 的 3,600 港元）。

1888 年 1 月 5 日，剛抵港的谷柏旋即走馬上任，不足半年，他因房屋督察 Hayllar 離任而兼任其職位。這項任命並非工務司署池中無魚，在同年年底，大潭水塘的設計者，即當時工務司裴樂士的污水雨水分治方案受到 Robert Leigh[25] 反對，他便以谷柏的報告為基礎，發出公開信以作反駁。[26] 可見裴樂士早知谷柏非池中物，他的極速冒升，絕非一時僥倖。

GOVERNMENT NOTIFICATION.—No. 3.

It is hereby notified that FRANCIS ALFRED COOPER, Esquire, Sanitary Surveyor, arrived in the Colony on the 5th instant, and assumed the duties of his Office.

By Command,

FREDERICK STEWART,
Colonial Secretary.

Colonial Secretary's Office, Hongkong, 7th January, 1888.

GOVERNMENT NOTIFICATION.—No. 250.

His Excellency the Governor has been pleased to appoint, provisionally, FRANCIS ALFRED COOPER, Esquire, Sanitary Surveyor, to be, also, Inspector of Buildings, *vice* H. F. HAYLLAR, Esquire, resigned.

By Command,

FREDERICK STEWART,
Colonial Secretary.

Colonial Secretary's Office, Hongkong, 9th June, 1888.

谷柏於 1888 年 1 月才抵港履新，6 月已獲晉升。

1889 年 3 月 1 日，柯寧離職後轉投私人市場，同月 15 日，署任工務司 Edward Bowdler（1831-1907）被調往處理填海工程，於是谷柏在短短 15 天內，先擔任署任助理工務司，再成為署任工務司。同年 5 月 18 日，新量地官（後稱工務司）布朗上任，月底即碰上世紀暴雨，市面一片狼藉。谷柏被委派處理災情，表現迅速有序，隨即被新老闆在定例局中點名讚揚。1890 年，谷柏在查維克留港時的辦公室內，與查維克不斷商討如何規劃維城的供水和排水系統細節，表現獲得查維克嘉許，[27] 布朗亦留意到他專注細節的優點，對工作亦充滿魄力，是以在查維克離港後，無懸念地把新成立的水務及渠務處（Water and Drainage Department）交給當時年僅 30 歲的谷柏，令他成為該部門首位（也是最後一位）處長（resident engineer）[28]，專責有關供水和排污衛生事務。

也許是能者多勞，也許官運真的「說來就來」，剛升任新部門首長的谷

GOVERNMENT NOTIFICATION.—No. 215.

It is hereby notified that His Excellency the Officer Administering the Government, in pursuance of instructions contained in Despatch No. 193 of the 9th of October last, from the Right Honourable the Secretary of State for the Colonies, has been pleased to appoint, provisionally, and until further notice, FRANCIS ALFRED COOPER, Esquire, to be Resident Engineer in the Water and Drainage Department.

By Command,

W. M. DEANE,
Acting Colonial Secretary.

Colonial Secretary's Office, Hongkong, 23rd May, 1890.

谷柏來港不足一年，已成為新部門的小頭目。

柏，翌年（1891 年）因為布朗在任內病歿，政府徵詢過查維克的意見後，29 旋即委任才 31 歲的他為工務司，從此成為香港史上最年輕的工務司。

來港僅僅四年，在沒後台和背景下，谷柏由一個衛生工程師的初級職位，憑實力（可能還有一點點運氣）擢升到政府核心部門之首，相信也是前無古人之事。他在香港服務的時間短短十年左右（1891 至 1897 年擔任工務司），卻已執行了不少對香港影響深遠的水務工作，在此先由他為香港人留下集體回憶的水務行政安排：制水和按錶收水費說起。

制水的開始

香港最近一次制水已是 1982 年 5 月的事了，是以年輕一輩未必知道，也無法想像港人曾經歷長達 91 年的制水日子。香港開埠後第一次制水，正好發生在谷柏上任水務及渠務處處長期間。據谷柏記載，由 1890 年 8 月 16 日至 1891 年 5 月 13 日的 270 日之內，香港雨量只有錄得 13.26 吋（330 毫米），比過去 20 年的平均值少了 29.35 吋（745 毫米）。30 此時未能開源，又不能望天打卦，能做的只有節流。於是香港由 1891 年 2 月 4 日開始，晚上 9 時至翌日凌晨 5 時停止供水。其後 4 月 28 日至 5 月 14 日，每日只供水兩小時，平均每人每日僅得 6 加侖水。

制水是節流安排最即時見效、但也僅為治標的手段。查維克曾指出，香港的水務隱患，便是浪費食水。除了無心肆意的浪費，也因喉管安裝欠佳所造成的大量滲漏，必須加以堵截。當時徵費方式簡單，《水務條例》條文又軟弱無力，[31] 難以有效阻止浪費食水，更無法推動用者自付原則的按水錶收費安排。[32] 谷柏自然和查維克心思一致，是以在他掌權之後，決心遏止浪費和滲漏所造成的食水流失，加強推行用者自付原則的水錶收費制度，並把浪費食水的刑責列入《水務條例》中。

然而，谷柏明白執行新訂立的罰則，僅靠巡查或檢控浪費食水的個案，必定大費周章，而且華人社區多為密集的居住模式，一戶多伙的情況非常普遍，要實行按錶收水費，談何容易？他只好先行在 1895 年提出《水務條例》修訂，把法例要求安裝水錶的範圍擴大，由維城內的非住宅用戶，擴展範圍至：

- 維城內用水量高的住宅（這樣需要事前調查，有初步數據以懷疑該處人均用量大大超出法例訂定的合理人均用水量，才安裝水錶以指證浪費食水）；
- 維城內外的任何私家土地（這可以立即展開安裝水錶行動，令維城外安裝水錶視為恆常措施，每批一塊地發展，便需要用水者自付）；
- 差餉徵收範圍以外的任何處所（1895 年時差餉條例只涵蓋三個地區：維城、山頂區〔Hill District〕和其他地區 [33,34]）

換句話說，半山和山頂區居民自 1890 年起享受免費供水的日子正式告終，在 1895 年之後，住戶必須安裝水錶，並按錶繳費。而九龍自透過三井設施供水（即 1895 年）開始，已需要每地段安裝水錶，正是谷柏完成九龍供水的基礎設施後，立即嚴格履行用者自付原則的手段。

水務行政體現了谷柏對改善香港水務發展的決心和魄力，而水務基建籌劃也是他的強項。如今已成一級歷史建築的前油麻地抽水站（即油麻地紅磚屋）、前油蔴地配水庫和山頂食水配水庫，都是谷柏的作品。這些設施使不少古蹟及廢墟迷趨之若鶩，以走訪甚至潛入其中拍攝、繼而在社交媒體分享為榮，但都只是谷柏設計的供水系統一小部分，相比其所屬的港島和九龍供水系統規模，他們只是管中窺豹而已。

谷柏抵港時，大潭上水塘的供水工程已接近尾聲。1889 年，整套大潭谷工程和寶雲道輸水道、沙濾池和配水庫也全面投入運作，連同已擴大的薄扶林水塘，維城供水緊張的局面本可暫告一段落，但此時政府開始積極發展維城以外的地帶，以致港島北岸山坡上的人口節節上升，加上九龍半島同時加速發展，亟需開拓水源。維港兩岸的供水問題不但沒完沒了，而且供水計劃又「最緊要快」，剛升任工務司的谷柏自然要接住這顆燙手山芋。

不過，谷柏並非等到升官才著手處理香港供水問題，而是早有成竹在胸；他的前上司查維克[35]分別在1889年12月[36]和1890年5月，[37]已為港島供水至半山和山頂，以及使用九龍地下水的可行性上把脈。在港島供水方面，查維克建議政府採用動力將水泵至高處，否決了在高處另建集水水塘的方案。關於九龍地下水抽水系統，將在本章之〈傑斯和記錄時代交替的九龍水塘〉內詳述。

半山分區供水概念

港島北岸的半山至山頂的供水系統較九龍的系統略為複雜，在此解說一下。

查維克於1882年的報告中，批評當時香港衛生狀況惡劣的一個原因，便是用水不足，所以要求維城必須有穩定的供水，不單為了應付居民飲用需求，更重要的，是需要有穩定的沖廁供水來沖刷污水渠，並清走含病菌的排洩物，減低爆發傳染病的機會。1880年代末，港島居民大部分聚居於羅便臣道（海拔300呎）和寶雲道（海拔400呎）以下的房屋，因此在1888至1889年間落成、位於約海拔383呎的雅賓利食水配水庫，按其高度所產生的水壓，仍足以把用水推送至維城大部分山腳至海邊的用戶及街喉。但越接近配水庫，水壓越不足，稍為接近這兩條道路，即堅道至寶雲道之間的建築，便很容易出現水壓不穩的問題。有見及此，查維克建議將維城按高度分為三區：海邊至海拔150呎為低地區，海拔150至250呎為一區，250呎以上至薄扶林輸水道（海拔500呎）為最高區。至於山頂區，則應以薄扶林水塘的食水為基礎，另設一套獨立泵水系統。[38]

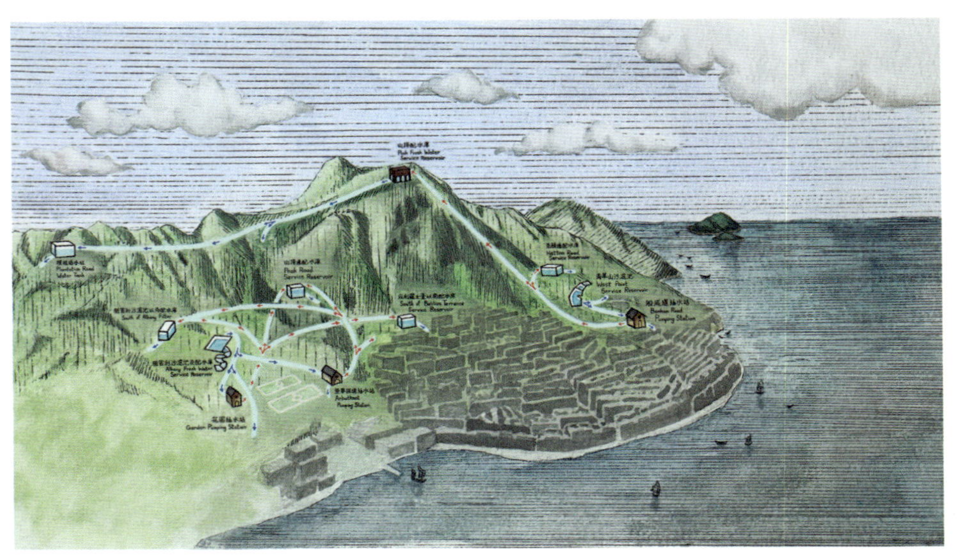

谷柏的半山供水系統分區仔細，有助應付日後半山增加對供水的需求。

有了查維克建議的大方向，谷柏其實只須設計水泵、配水庫和水管配置，便能完成任務。但他卻未有全盤照抄查維克的方案，反而以長遠發展為目標，改善了整個供水藍圖，將供水區劃分為海邊至 200 呎（即堅道一帶）、200 至 300 呎（即羅便臣道一帶）、300 至 450 呎（即干德道一帶）和 450 至 600 呎 39（寶珊道及梅道之上）。山頂區則按原方向，另設一套獨立系統。雖然文獻沒有記載谷柏改動方案的原因，但從實際角度看，此舉有助應付日後逐漸增長的半山區人口，是為更理想的基建安排。

不過，分區越仔細，配水庫的數量越要增加，多一個分區就要多一個配水庫，抽水站和水泵 40 的安排，也要重新計算。

谷柏將抽水站分別置於雅賓利食水配水庫之下的花園道和亞畢諾道，和青草山沙濾池 41 之下的般咸道。前兩個抽水站抽取大潭原水，供水給位於半山區三個目前已拆卸的配水庫，他們的最高水位標高為 500 呎、600 呎和 700 呎，分別適合供水給 300 至 450 呎和 450 至 600 呎兩級的供水區；第三個抽水站納入薄扶林水系，只供水至山頂水缸（山頂水缸資料見本書第三章之〈被遺忘的鐵缸傳奇〉）。及後的山頂配水庫和歌賦山配水庫，都是依據這系統規劃而逐一落實（詳見本書第三章之〈古蹟配水庫群像〉）。

值得一提的是，自港督羅便臣決定供水服務為政府責任後，水務基建一直受到高度重視，甚至不惜工本，在水泵採購上都是最先進優良的產品，早期用以發動蒸氣水泵摩打的燃料，也是高級的日本煤炭。當時用於亞畢諾道和花園道的抽水泵種類，與現時水務署採用的現代水泵不同。當時的水泵都是採用液壓推動的款式，[42] 不是稍後採用的蒸氣泵，[43] 也不是現代的電泵。

工務報告中的水務工程

谷柏的水務藍圖，力求治標與治本並行。他為半山至山頂的供水模式立下基礎，開啟九龍供水系統新章節，以及修訂《水務條例》等，對香港水務發展影響深遠。時至今日，港島仍受惠於他設計的供水系統。另一件足證谷柏在水務管理極具遠見的事，是他在 1896 年已指出英國海邊城市以海水洗街沖廁沖渠之法，並考慮香港是否適宜依循。不過港島北岸山勢較陡峭，由海邊抽水至山腰半山之地的過程所耗能源不菲，衡量過金錢與缺水情況後，只好再作其他發展。不過查維克在最後向港府的匯報中，也有和應谷柏，建議政府考慮發展海水沖廁。[44] 及後在 1929 年的乾旱時期，同一議題再次被提上定例局，但礙於成本問題而擱置。直至 1952 年，本港才開始用海水沖廁。

此外，谷柏也是「最佳實踐」的執行者。谷柏的上司布朗開創了撰寫工務司署年度報告的先河，後來他也承襲這份工作。谷柏的報告詳細記錄政府工程當刻狀況和工作成果，闡述工程緣由、經過和效能，內容具有關鍵的參考價值，不但成為工務司的年度報告藍本，也為後世研究香港議題的人員，提供非常重要而可靠的原始資料。

當日查維克為香港提出多項改善公共衞生的建議，安排谷柏輔助並執行，谷柏的表現絕對青出於藍。他在 1894 年鼠疫之後，按查維克建議推動太平山區重新規劃和重建，成效有目共睹，因而廣為人知。但他在眾人肉眼難以看見的工作，如在隱藏於高山或地底的水務基建、改善食水品質、污淨水分開處理等等，才是香港更重要的發展基石，也是驅使香港水務早年發展冠絕亞洲的原因。其後太平洋戰爭爆發，日軍侵港，軍政府派專家進行的水務設施調查報告，幾乎完全抄襲工務司署的報告，不過在結語中，他們也由衷拜服香港水務系統如此精良（請參閱本書第四章之〈日佔時期供水狀況〉），當中自然包括早年谷柏的傑作。

谷柏在香港服務大約十年，便調往錫蘭（現稱斯里蘭卡）擔任工務司，當時 37 歲的他已過了人生一半時間。四年後，他因長期在海外服務的重大貢獻，成為首位獲頒聖米迦勒及聖佐治勳章（C. M. G.）的前香港工務司。45 到 1906 年，新加坡爆發疫情，當時派出的專家團成員，包括在 1902 年陪同查維克來港的倫敦國王學院熱病學教授善臣。但這時夥拍善臣的，已換成谷柏。46 可見谷柏在錫蘭浸淫不足十年，已成為獨當一面的專家了。

政府當初聘請谷柏擔任「衛生工程師」，此舉是回應查維克的建議，所以谷柏是首位以此身份來港工作的公職人員。谷柏在香港的服務短暫但輝煌，彷彿這裡是他命定的人生舞台。谷柏生於一個基督教家庭，父親更身為牧師，說不定這也是上帝為他預備的人生，過程充滿奇遇，而且像他設計的水務系統一樣，暢順而通達。

傑斯和記錄時代交替的九龍水塘

當年查維克在九龍半島北望，近在咫尺的滿清帝國領土，按水文和地表高度計算，很大機會是香港水資源的新希望。結果簽訂《展拓香港界址專條》，港英政府可以使用新界土地後，證實了查維克的觀察和推斷，他立即向港府建議籌劃新的水務系統——九龍重力自流系統。一些喜愛香港歷史的朋友，對地名與地理位置的配置有種執著，但政府以至財團在地名安排上卻看重功能性，未必緊隨歷史地理的步伐，所以九龍重力自流系統的主角，雖然是位於新界的水塘，但它主要為九龍供水，而命名為「九龍水塘」。當年肩負策劃及興建這個供水系統重任的，是抵港僅僅數年的年輕工程師傑斯（Lawrence Gibbs）。

早年在工務司署出任工程師級別的人員，必須從英國招聘，他們遠赴重洋到任，薪酬福利自然不能太單薄。但對於財政不算充裕的政府而言，縱然工務司署要應對各項基建工程、風災復修及鼠疫善後等排山倒海的工作，也難以增加工程師的人手編制。偏偏到港工作不久的工程師谷柏，因為上司布朗猝逝的緣故，走馬上任工務司一職，令工程師職位出缺。當時九龍供水系統正要啟動，港府唯有立即展開招聘，最後由 23 歲的傑斯來港擔任助理工程師以作替補。傑斯的首份僱傭合約為期三年，月薪 2,328 港元，另加房屋津貼及其他津助，約滿後可獲頭等艙票返回英國，對一位工作經驗未算豐富的人員來說，條件相當不俗。

跟谷柏一樣，傑斯也是優才生。於 1887 年仍在求學時期，他發表的水務工程論文獲得英國土木工程學會的 Miller Prize。1896 年，即來港工作六年後，他獲晉升為署任行政工程師（acting executive engineer），其主要工作便是全力進行九龍供水系統的研究。經過數年對九龍半島和新界的地理、水文、降雨量及人口增長等方面的研究後，他於 1900 年發表了「九龍供水報告」，47 也是十年磨一劍之作。報告所建議的供水系統，不但是區域供水的關鍵，也是九龍半島發展的重要基礎。

策劃九龍供水系統的重要前提，是精準計算有效集水範圍及地面高低差，確保重力自流系統可以運行，其次是推算人口增長，以釐定系統所需的供水量。雖然傑斯參考了谷柏在 1892 年發表的九龍供水報告，但事隔不足十年，客觀環境已出現重大變化：當年因地域限制，只能以三井系統作供水的權宜之計，如今局方已可以運用位於新界西的土地資源。經過實地考察後，最理想的地區位於九龍西部接近大帽山一帶的高地，由該處到九龍中至南部的高低差距，應足夠利用重力自流運作，把原水引流至九龍市區地段內。

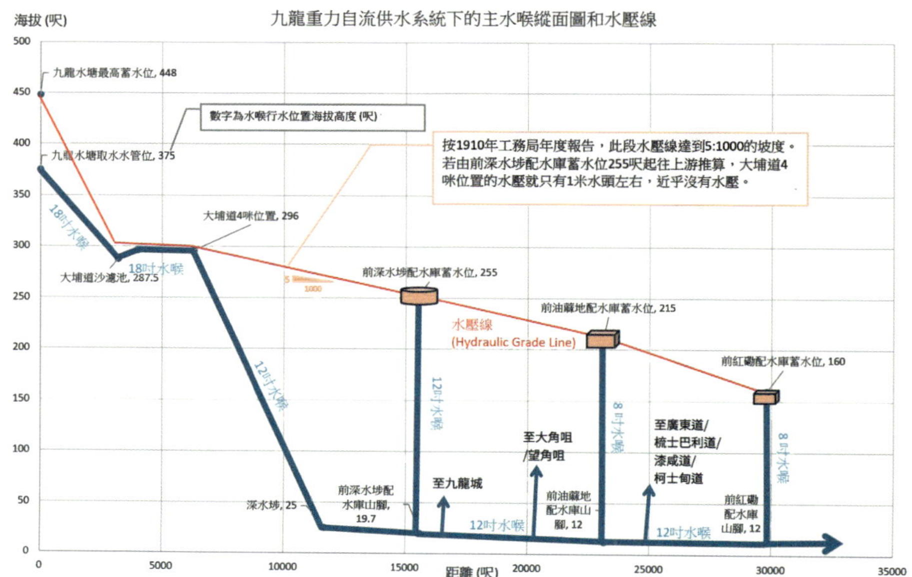

重力自流系統必須精準計算高低差及水管內壁承受的摩擦力，才能減少甚至不需要在水泵輔助下，讓水體靠水壓帶動流向用戶。（黃曦諾製圖）

九龍半島被割讓初期，各類發展都集中在紅磡、尖沙咀及油麻地的沿海位置，尤其是油麻地。油麻地本身為一個避風塘兼船運卸岸處，是九龍街 48 以外最早期的華人商業地段，也是政府銳意發展的九龍新市鎮。49 油麻地除了交通發達，在發生火災時，取海水灌救也非常便利。可惜軍部一如香港島般，在油麻地沿岸佔用了不少土地，使這個新市鎮可應用的理想土地面積大減。

九龍供水系統的安排，除了推動區內供水變得穩定可靠，更可引入原水到距離海邊較遠的地段，以及設置消防栓（街井），紓緩了火災風險的憂慮。如此一來，九龍供水系統便可帶動油麻地內陸的發展，啟開九龍半島城市化之門。換言之，該系統不僅是一項供水計劃，也是九龍半島長遠發展的藍圖。由於系統需要支援區內將出現的大規模人口增長，所以必須有一個足以應付城市化發展的供水設施，且確保其運作暢順。就此，傑斯建議在九龍塘北部一個小山崗上，興建一個有調節水壓功能的配水庫，並以圓形為設計，務求達至最大成本效益，它就是現在的前深水埗配水庫。50

傑斯在完成九龍供水系統報告後，首要之事，是把建議報告交予身在英國的查維克批閱。查維克對建議大致接納，更提出九龍水塘的堤壩必須由泥壩（earth embankment）改以石材（masonry）或混凝土建造，查維克對香港的石材和處理工藝，與泥土的質地比較起來，更有信心可以建成一條不易受損的水壩。可是，他對系統仍沒有十足把握，故叮囑必須待新系統成功運作，方可解除當時正使用的三井供水系統。

首個私營機構執行的基建工程

當九龍水務系統工程招標正如箭在弦，香港的私營建造業發展也進入了高峰期，技術及工程人員更是城內當時得令的專業人士，之前參與大潭水塘工程的柯寧，在工程完成後不久便退出政府，轉作私人執業。至於傑斯更為進取，九龍水務系統工程還未開始，已辭官加入丹尼遜・雷安顧問公司，成立丹尼遜・雷安及傑斯（Denison, Ram & Gibbs，早年譯作「田彌臣、藍、劫士」）顧問公司，51 更參與了九龍重力自流系統工程投標。

此事可謂把政府推入兩難局面：整個計劃已是刻不容緩，如此浩大的工程必須由工務司署執行，但關鍵人物卻在此時轉投私營市場，若再從英國聘請工程師，待熟習運作，對整個計劃所造成的延誤難以估計。一旦把工程批給傑斯所屬的公司接手，則有違公共基建須由政府工程師執行的原則。在進退維谷下，政府只好詢問查維克的意見。

查維克認為，傑斯是當下最熟諳整個計劃的人，聘用丹尼遜·雷安及傑斯顧問公司亦無可厚非，也是最省時、經濟和理想的選擇。該公司因而正式獲委任負責設計整個供水系統，包括設計及興建九龍水塘、大埔道沙濾池 52 與相連的喉管，以及前深水埗配水庫，政府甚至委託他們協助配水庫選址周邊的收地工作。這次聘任，也是政府在戰前唯一一次聘用私人執業的工程師，執行公營的基建項目。53

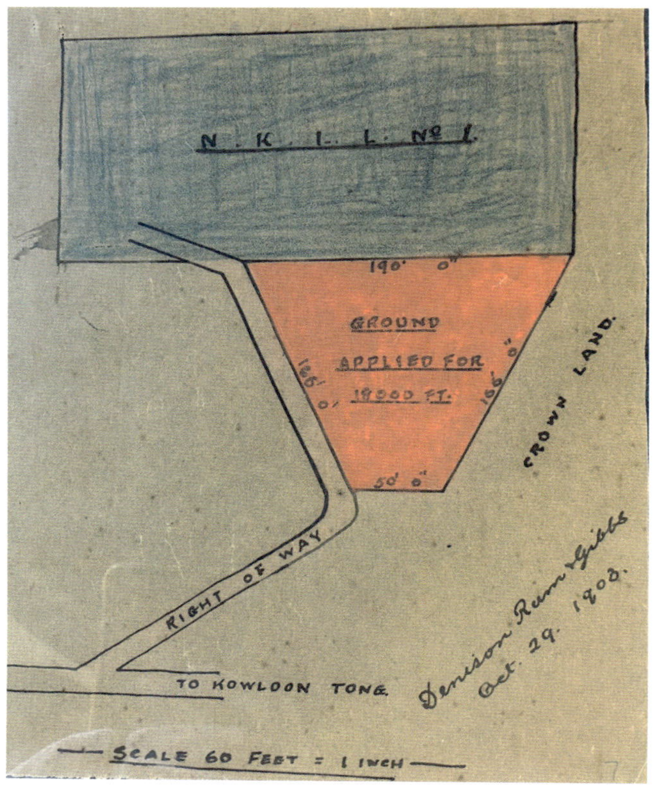

也許是出於對傑斯的信任，在興建九龍重力自流系統設施時，政府更委任丹尼遜·雷安及傑斯顧問公司協助於九龍塘（現為警察遊樂會）一帶，與當地村民商討收地。圖為該公司對新九龍地段一號（即前深水埗配水庫）所進行的初步勘察。

傑斯在執行工程時，對每個細節都不放鬆，並一直向查維克匯報。在建造各項設施時，又大膽使用當時最先進的物料，加上系統本身是香港供水里程的轉折點，整個布局充滿新舊交替的特徵。今天走訪九龍重力自流系統的各個古蹟，仍可輕易找到這些時代印記。

例如今天非常普遍使用的混凝土，在當時卻是嶄新的建築物料，大潭水塘水壩正是首個採用混凝土的水務工程。隨著澳門青洲英坭於 1887 年在香港成立香港青洲英坭，這種物料漸漸成為本地建造業的寵兒，九龍水塘群後期的部分建築，便大量使用混凝土製成的預製石件，取代人手雕鑿的花崗岩，節省了不少工序時間。然而，工程人員並非對混凝土全然信任，始終它在當時屬於較新的建築物料，未知能否長期承受巨大的水流磨擦，故此在九龍水塘群中，石梨貝水塘水壩面和溢流面，仍是採用花崗岩建造。另一方面，九龍水塘工程聘用了大量資深石工，也汲取了建造黃泥涌水塘弧形水壩的經驗，成功築起了雙弧形的主壩。這個九龍水塘地標式建築，壩芯以混凝土建造，但外層仍以花崗岩為主體。以兩種不同的物料交替建成的水壩，亦成了水塘的特色。

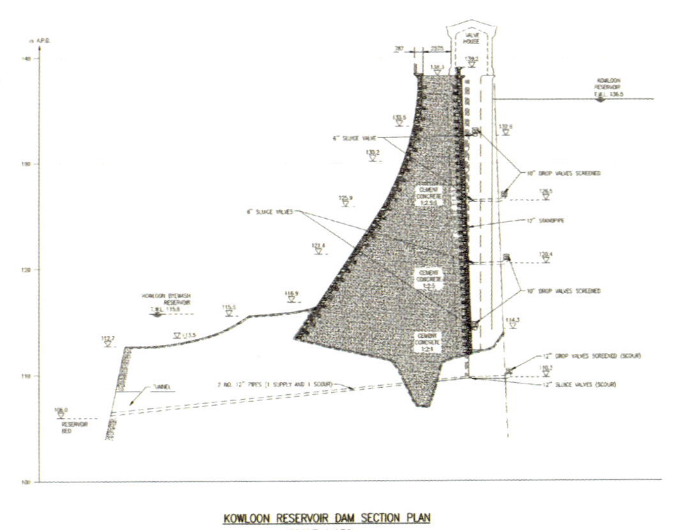

按照傑斯於 *The Far Eastern Review*（March 1907）重繪出的九龍水塘水壩橫切面。圖中可以看到所使用的「cement concrete」，英泥、幼砂和砂石的比例，由最底層 1：2：4，升至頂層的 1：2.5：6。底層混凝土要承受上層混凝土的重量，所以需要足夠的強度。

另一項時代交替的見證，就是鐫刻在水掣房上的水務行政名稱字樣。在 19 世紀末，香港島和九龍的水務行政屬於兩個獨立的系統，管理模式也不相同。54 根據當年官方文件，香港水務英文為 Hong Kong Water Works（簡稱 H. K. W. W.），九龍水務為 Kowloon Waterworks（簡稱 K. W. W.）。查維克在 1902 年的報告上提及，可以用海底水管把九龍的水輸往香港島。55 直至 1929 年，小城門水塘建成後，當局在石梨貝濾水廠接駁一條直徑 12 吋的水管，經彌敦道接入海底水管，把九龍系統的水輸送到香港島，自此兩地系統駁通，名稱也統一為 H. K. W. W.。從此，九龍水塘是唯一同時找到 H. K. W. W. 和 K. W. W. 兩款水務行政名稱標記的水塘。

位於新界的九龍水塘興建時因為九龍地區供水而命名，但自 1930 年起，港九的供水系統已由海底水管連接起來。（圖片由水務署提供）

首次安裝的海底喉管效果強差人意，於是在 1938 年再次安裝另一組 18 吋喉管。圖右下為負責在海底進行組裝的潛水員。（圖片由水務署提供）

整個九龍水務系統是傑斯引以為傲的工程代表作，[56] 他在建造整個系統時，除了緊貼查維克的建議，也加上自己的獨特構思，並採用當時最先進的物料，讓水塘及相關的水務設施存有許多獨有的細節。縱然不是每項安排都實用，有些甚至使用不久即退役，但它們仍在原地保留至今，為遊人添上一份尋寶的興味。

只此一家的水務彩蛋

以下介紹九龍供水系統獨有的設施和建造細節，很值得大家遊歷探索，展開一場精彩的水務古蹟尋寶之旅：

獼猴王國

九龍供水系統是時人寄予厚望的工程，在水質方面不容有失，偏偏在興建水塘期間，工程人員發現水塘附近長有許多馬錢。馬錢為本土植物，位列香港四大毒草，並不罕見，問題在於它生長在水塘範圍，若果實落入水體，後果非同小可，於是便引入喜歡吃馬錢果實、又不受其毒性影響的獼猴，來清理水質隱患。可惜馬錢問題一解決，馬上換來獼猴繁衍的問題。結果整個系統首個建成的設施：即水塘高級人員宿舍，因員工受不了獼猴的頻繁滋擾，不宜居住，只好把物業交還政府產業署，改為紀律部隊宿舍。但身處獼猴國度，即使是紀律部隊人員也難有勝算，最終統統投降離去，宿舍亦丟空至今，就此伴著旁邊的機槍堡，成為水塘古蹟的一部分。

此外，獼猴愛玩，屢屢破壞水塘的照明燈，是以九龍水塘群的路燈都經過特別設計，防止獼猴時常把玩，從而減少維修次數。雖然野猴頑皮，但仍受到考古學者陳公哲（1890-1961）的青睞，把牠們列為香江十景的「松壑猴群」，[57] 為水塘平添遊趣。

水塘界石

毒果由獼猴處理，但人為或其他污染，又該如何解決？

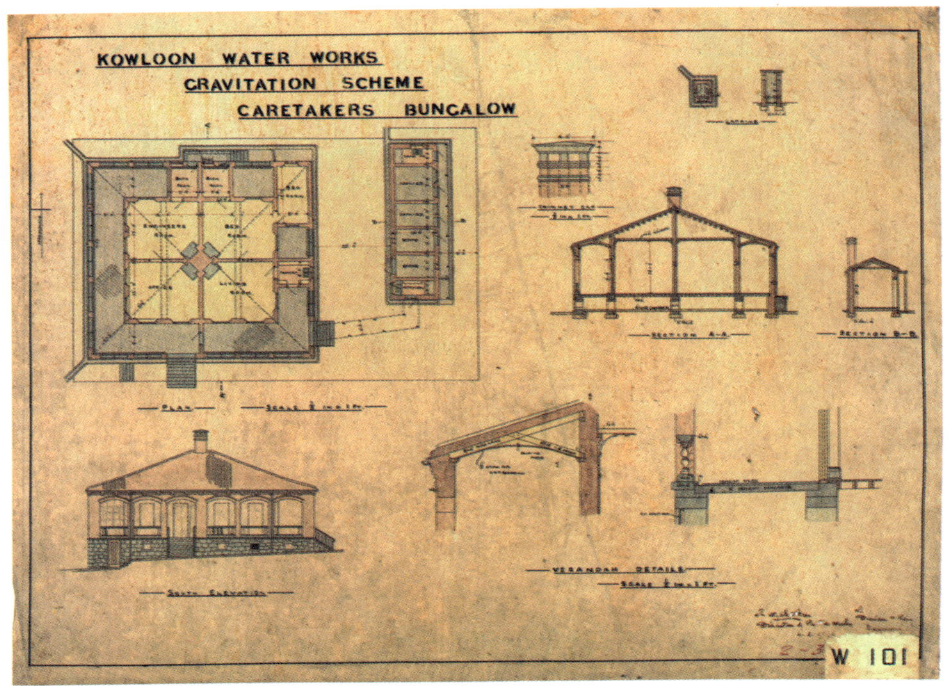

九龍水塘高級人員宿舍，由當時傑斯仍未加入的 Dennison & Ram 公司簽署負責興建。（圖片由水務署提供）

19 世紀末，薄扶林水塘每逢大雨後，水質都變得很差，招來市民猛烈投訴。其後潔淨局解釋，皆因集水區內太多馬路和房屋正在興建，令周遭表土被翻開而無植被遮蓋，於是大雨沖刷表土後，最終流至薄扶林水塘而引起污染。有此前車之鑑，查維克在九龍供水計劃的評語中，特別提出保護集水區範圍的必要性，尤其是植被。58 因此在 1902 年，九龍水塘正式動工興建時，工程人員想到用界石來點明集水區範圍，並花了 576 港元在山崗頂豎起 32 塊界石。每塊界石正面刻上 K. W. W.（因為當時港島和九龍的水務仍是分治）和編號，為的是指示界石背後就是集水區範圍，需保留植被，而且不可發展和污染。

可是界石豎立時，並未考慮水塘以後會擴建，因此它們所指示的範圍，已不能覆蓋日後整個九龍水塘群的集水區範圍。換句話說，界石形同虛設，

九龍水塘獨有的界石，指示集水區位置，並刻有 K. W. W.（Kowloon Waterworks）字樣。（蔡元貴攝）

往後的水塘興建也不再設置這項設施。就這樣，九龍水塘擁有全港唯一的水塘界石群，即使已經沒有實際功用，卻具歷史意義。

孿生的水塘和構件

早年的政府工程為了節省成本和時間，會把建築圖則重複使用，連水塘建設也不例外。當年九龍副水塘和香港仔上水塘的建造時間相若（1930 至 1931 年），為了加快進度，相信兩個水塘採用了同一圖則，除了九龍副水塘較香港仔上水塘多出兩個排洪口外，59 其他建築樣式基本一致，成為香港僅有的雙子水塘。

另外，大埔道沙濾池的石製水管出水口，和前深水埗配水庫的出水口一模一樣，相信是因為兩者屬同一系統，毋須另行設計用途類似的構件。惟後

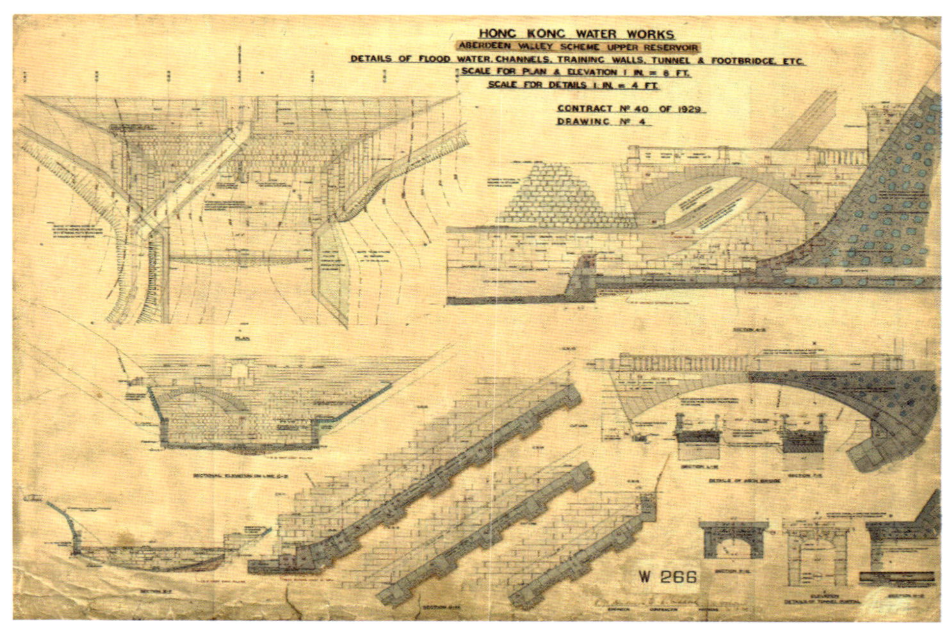

香港仔上水塘圖則（圖片由水務署提供）

期因九龍副水塘落成，市民無法跨越水壩旁邊的圍欄，而去到水壩底部旁的大埔道沙濾池水管隧道入口，大家只能在前深水埗配水庫看到這類古舊水管出水隧道口的風采。

「爛尾」工程

九龍重力自流供水系統工程是當時工務司署的重大基建，局方任用他們信任的曾瓊記興建獨特的弧形主壩，希望「樣樣做到好」，可惜「得不到分數」，萬萬料不到當時叱吒風雲的曾瓊記在建造工程末段遇上財困，導致工程未能完成，使它成為至今唯一「爛尾」的水塘工程。60 其後政府須重新招標，以收復爛攤子。如今大家遊覽九龍水塘主壩，會發現主壩上方（約 10 呎）及水掣房，跟下部迥異的樣式，這就是當年工程「爛尾」的標記（曾瓊記的資料在本書第二章之〈曾瓊的「爛尾」水塘工程〉續有介紹）。

黃泥涌水塘的記錄儀，與九龍水塘採用的儀器類似。（圖片由水務署提供）

百年準繩

九龍水塘的溢流槽和記錄儀器房，已被列為法定古蹟。當年政府引入整套 George Kent & Son 的器材，包括工程師專用的木尺、圖紙、記錄儀，以計算水流量，時至今日，計算溢流量的刻有查維克名字的比例尺還在（見頁 50）。

石柱水庫

整個九龍重力自流系統工程分為三個主要部分：水塘、沙濾池和配水庫。跟水塘工程一樣，興建配水庫的目標亦是「最緊要快」，因為它負責為新九龍廣泛地區供水，也就是該區名副其實的發展泉源。當時傑斯考慮按英國做法，以生鐵作支柱，但查維克擔心鐵有機會鏽蝕，影響水質，加上由英國千里運送生鐵，既昂貴又花時，並非上策。此時傑斯靈機一觸，改用香港最豐富優質的材料：麻石作為柱樑，使前深水埗配水庫成為香港唯一以麻石為柱的配水庫。61

時代科技

傑斯對新科技和物料似乎情有獨鍾，除了混凝土外，配水庫還裝置了當時最先進的設施：天窗（pavement light）。他的決定相信是參考了其他國家類似的設備，如柏林的密閉沙濾池。62 配水庫所採用的天窗，是向當時備受英美政府及企業追捧的 The British Luxfer Prism Syndicate, Limited 所出產最新款式的「圓燈」（circular light），63 使前深水埗配水庫成為全港唯一裝有天窗的密封配水庫。

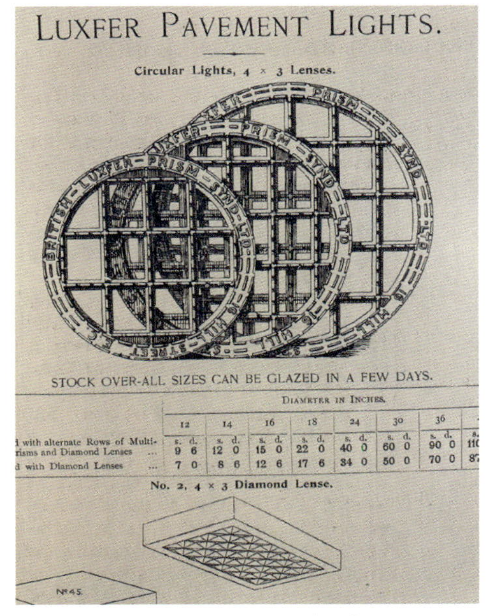

LUXFER PAVEMENT LIGHTS.

Circular Lights, 4 × 3 Lenses.

STOCK OVER-ALL SIZES CAN BE GLAZED IN A FEW DAYS.

	Diameter in Inches.							
	12	14	16	18	24	30	36	
	s. d.	s. d.	s. d.	s. d.	s. d.	s. d.	s. d.	s.
d with alternate Rows of Multi-risms and Diamond Lenses ...	9 6	12 0	15 0	22 0	40 0	60 0	90 0	11
d with Diamond Lenses ...	7 0	8 6	12 6	17 6	34 0	50 0	70 0	87

No. 2, 4 × 3 Diamond Lense.

No 45.

這款用作引光入地底的天窗（圓燈），是當時一款最先進的地底照明設施。（圖片由好好過生活細藝提供）

可惜，或許是天窗後來出了問題，結果和界石一樣，使用不久已報廢，在戰前已被密封。雖然天窗也和水塘界石一樣，已不能發揮應有作用，卻成為前深水埗配水庫的獨有文物（本書第三章之〈散落的小水點〉一文將對前深水埗配水庫續有介紹）。

天煞孤星命的工程師

傑斯在 1903 年成為《公共衛生及建築物條例》（*Public Health and Building Ordinance*）（1903 年條例）首批工程師，在離開政府後亦擔任過一些公職。傑斯公餘的嗜好甚多，相信不少是在港工作時期培養出來的；他早年經常要在新界（如大帽山）進行收集雨水等實地考察，需要了解天文氣象情況，此後不但讓他愛上遠足，亦醉心天文氣象觀測，更在 1897 年獲頒皇家氣象學會院士，並成為該會的永久會員。他日後為自己興建的宅第「大埔瞭望台」，[64] 便有一個作天文觀測和集水用的高塔，延續他對天文和水利的興趣。此外，他對植物也甚有心得，更長期擔任香港植物學會的榮譽秘書。

然而，傑斯的家庭生活卻教人嘆息。他於 1899 年與護士 Catherine Macintosh 結婚，誕下一女，其妻早年曾在利物浦及倫敦醫院服務，1890 年來港在西營盤的政府公立醫院（又稱國家醫院）服務，1894 年香港爆發鼠疫之後一直照顧病人，至 1896 年自己亦不幸染疫，被送回其母國休養。半年後，她剛康復便急不及待去信當時的英國殖民大臣 Joseph Chamberlain（1836-1914），申請調往印度繼續照顧鼠疫患者，後來再重返傑斯身邊，共偕連理。可惜她再度染上鼠疫，在短暫康復後，於 1901 年去

VALEDICTORY.

WELL-KNOWN CIVIL ENGINEER.

MR. LAWRENCE GIBB.

Mr. Lawrence Gibb, who left the Colony on retirement on Thursday, has supervised many engineering and construction works during his long residence here and has also been a keen botanist and horticulturist. He was a popular member of the community and will be much missed.

Mr. Gibb came to the Colony in 1890 in the service of the Public Works Department, transferring a few years later to the firm of Dennison, Ram and Gibb. He supervised the construction of the big Kowloon Reservoir, Shatin, a considerable portion of the catchwater works on the north side of Beacon Hill, leading to the Kowloon reservoir and, among other important works, the construction of Jubilee-road (now known as Victoria-road), which was the first motor road in the Colony, and the construction of many houses on the Peak.

Mr. Gibb was a great walker and climber and in the course of his walks was a keen observer of botany. He was the publisher of a book on Hong Kong ferns.

Mr. Gibb was entertained by old friends to tiffin at the Hong Kong Club prior to his departure. He is proceeding to England by way of Australia and Canada and intends to settle down in Sussex.

傑斯在離港時，報章連續兩日報道他在港的功蹟。（《德臣西報》1928 年 4 月 16 日）

世，[65] 幼女也在翌年離世。至 1908 年，傑斯與植物學家 Ellen Bowley 結婚，但三年後，第二任妻子亦去世。妻女長眠於跑馬地墳場。傑斯即使完成重大的水務工程，身邊亦無親人和他分享喜悅，幸而他在 1928 年退休時，一班好友在香港會所為他設宴道別。其後傑斯返回英國，於 1942 年離世，享年約 75 歲，離世時仍孑然一身。

韓德臣的城門水塘和建塘者們

大潭水塘群的發展歷時 35 年，橫跨 19 世紀末至 20 世紀初。到了 20 世紀初，香港人口暴增，經濟又遇上第一次世界大戰後的大蕭條，兼有省港大罷工和 1929 年旱情夾擊，沒可能再有另一個 35 年來發展一個大型水務系統。時任工務司韓德臣（Richard McNeil Henderson, 1886-1972）便以較短的時間，興建了一個大型水塘，它更取代了大潭篤水塘的主壩，成為「亞洲第一壩」。但這個當時最宏偉的水務設施，名字卻沒有出現在水塘落成的紀念碑上。

1912 年，26 歲的韓德臣（按：本地街名翻譯為軒德蓀，實指同一人）來港發展。當時他加入水務局（Waterworks Office），任職助理工程師（assistant engineer），66 成為時任工務司署行政工程師（executive engineer）謝斐 67（Daniel J. Jaffé，1876-1921）的副手，監督大潭篤水塘工程，68 也開始了他往後超過四分一世紀的水務工程之路。

1918 年完成大潭篤水塘工程後的數年，水務局增加水源的工作，就只有建造配水庫和延伸引水道，以及為長遠供水方案進行研究規劃。此時，水務局工程已正式進入混凝土年代，混凝土漸漸取代紅磚和花崗岩，成為配水庫的主要建材。韓德臣透過執行這些建造工程，累積了應用混凝土的經驗，為他日後在構思建築物的形式和結構時，提供了更大的發揮空間。

在規劃研究方面，此時海水沖廁的可行性再次被提出，韓德臣作為助理工程師，負責協助估算半山至山頂的海水供應系統需求及所需費用。69 雖然建議又一次胎死腹中，但這些研究工作成為他的試煉機會，為日後設計大型供水系統的研究工作奠下基礎。

在 1898 年簽訂《展拓香港界址專條》後，政府已急不可待在借來的新界土地上，興建九龍水塘來開拓水源。當年負責研究新界水源的傑斯，也曾對大帽山的水文地理作出評估。繼傑斯之後，執行大帽山開發水源研究的，正是韓德臣。

大帽山昂然崇立，四周山麓毫無遮擋，是理想的雨水集水區，加上每邊山麓都有溪流，水源充沛，要收集這未經開發的高山地表水毫無難度。在技術上，既可考慮多建一個細小水壩，或興建一個又大又深的巨壩來儲水。問題在於：溪流分別在旱季雨季的表現如何？山谷是否有足夠深度以築壩建塘？地質又是否適合承受人造水塘所增加的重量？凡此種種，都需要對整個大帽山進行實地觀測，逐步以水文數據資料協助選擇開發方針。

在社會亟欲穩定供水的前提下，韓德臣需要採取「唔使急、最緊要快」的港式效率來進行考察工作。他在山上建造了一些設施，包括雨量計站、流量站，還有兩個臨時小水塘在溪流上游，70 以協助蒐集水文數據。

1922 年，工務司向定例局提出規劃中，提交了兩組增加供水的方案：要解決燃眉之急，可透過延伸大潭水系的引水道來擴大集水區，以應付旱季時的需求，可惜提供的水量有限。另一方案的焦點放於新的水源所在：位於新界的大帽山、當時最大的河溪城門河。該處的原水可望輸送到九龍及維城，供更多居民使用。建議的新供水方案並非假設性的推測，而是得到基本的水文資料和兩年以上的觀察數據支持。71 隨後在 1923 年發表的 1924 年預算案，已出現了城門供水計劃（Shing Mun Scheme）這個新項目。

走遍全城的供水網絡

1924 年，韓德臣構思出整個城門谷供水計劃，並經港督呈交上英廷。72 報告的附圖畫出整個供水系統布局：先在大帽山北、東、南至西南山麓共選出九個地點興建水塘，再畫出由北向南流的輸水道（conduits）、輸水隧道

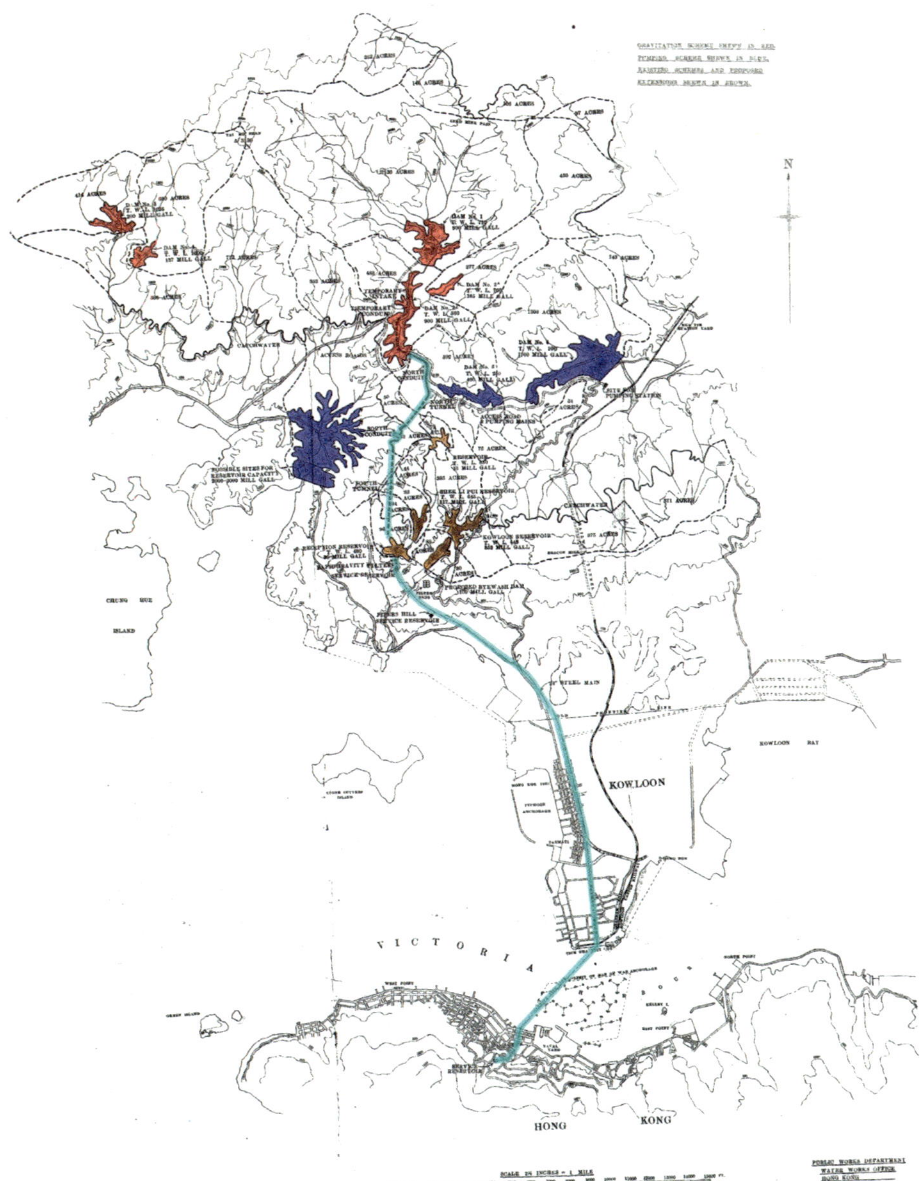

韓德臣的供水計劃極具野心，輸水網絡幾乎遍及全港。（圖片由水務署提供）

（tunnels），在九龍接收水塘收集原水，經由石梨貝濾水廠進行過濾。其後繪畫的水管走線至尖沙咀，經海底管道，最後上到港島北岸後攀升至動植物公園地底下的配水庫，仔細地交代了一個如斯龐大的供水網絡。由於涉及長距離的輸水安排，因此必須對水壓及水管內的摩擦力作出精確計算。但經過一輪圖文並茂的詳盡解說，定例局（現稱立法會）議員所關注的，僅是：供水量可以增加多少？

韓德臣擁有執行大潭水塘群的發展經驗，亦在城門谷進行了多年的研究，對方案胸有成竹。建議中的城門谷供水發展模式，其實與大潭谷計劃大同小異，只是增加了跨越維港輸水的新嘗試（也是萬眾期待的一環）。城門谷供水發展計劃原本分為五期：

第一期工程是在城門谷上游興建臨時小水塘，以輸水道、隧道和管道組成的供水網絡，把原水輸送至石梨貝配水庫、石梨貝濾水設施、琵琶山配水庫及港島花園配水庫（Gardens Service Reservoir）。

第二期是在城門谷興建三個水塘和引水道，整個輸水方式以重力自流驅動，務求以最短時間增加供水量。73 這三個水塘庫容量共 2,000 萬加侖，形式與大潭副水塘和中水塘相若。

第三期是沿大帽山山腰擴建引水道，再擴大集水區。在擴大的集水區中多建兩個水塘，延長地表水流入城門谷水塘的時間，不致使城門谷水塘急速滿溢。

第四期是在新建成的城門谷三個水塘下游，增建兩個水塘及引水道。但因新水塘的蓄水位低於已建的輸水道，所以需要在大圍建抽水站及鋪設新泵喉（此舉仿效在大潭灣海邊建大潭篤抽水站的安排）。

第五期是在醉酒灣（現上葵涌一帶、即已非城門谷範圍）的海邊至河口位置建新水壩，成為一個容量預計達 2,000 萬至 3,000 萬加侖的水塘。該工程仿效早年在大潭灣興建水壩，而建成大潭篤水塘的模式。

以上僅是對城門谷供水發展計劃的簡單描述，但整個計劃的複雜性與龐大程度，已不言而喻。推出計劃時韓德臣還未到 40 歲，正值壯年而又有魄

城門谷上游臨時小水塘的水壩，在城門水塘建成後，已淹沒在水中。（圖片由水務署提供）

興建中的花園配水庫（1932年），已裝好支柱，現在上方興建了噴泉，後左方建築物為港督府（現為禮賓府）。（圖片由水務署提供）

力，可謂擔此重任的不二人選。

可是，計劃最終僅得第一至第三期的引水道和濾水廠擴建工程落實執行，第四和第五期只出現於 1924 年的建議書上。可是，若細看第四期的下游水塘和抽水站工程建議，正是 1964 年船灣供水計劃中的下城門水塘和抽水站選址，可見計劃具可行性，只是另作安排。但第五期計劃建議的醉酒灣水塘，則因為 1950 至 1960 年代香港發展第三個新市鎮——葵涌，結果無疾而終，也許戰前已開始研究的大欖涌水塘，就是它的替代方案。

城門谷供水發展計劃本身已是一項艱巨的任務，縱然盡用地利優勢，奈何天時、人和不配合，也是事倍功半。計劃在發展第一期時（1924 至 1929 年），已遇上省港大罷工和嚴重旱情，工程大大拖延，影響發售工務工程債券和引資的進度，從而減少庫房收益。當時已晉身管理層的韓德臣，需要面對市民對增加供水期望落空的輿情，為了消弭民怨，當時政府只好放棄增加水費。74

事實上，韓德臣算是能者多勞，在香港工作期間，他曾數次被派往威海衛出勤，75 回港後又需要即時處理海量工作；在 1920 年代，水務辦公室有另外六名水務工程師分擔工作，但每當工務司或政務司在定例局交代與水有關的項目，「Mr. Henderson」就成了工作或報告的關鍵詞，可見他在水務的角色相當吃重。韓德臣的水務日常，除了要應付香港仔河谷供水計劃及石梨貝水塘工程，還有因為九龍人口高速增長以致供水網絡膨脹，而經常出現供水時間不穩定與傍喉所引致的問題。更甚者，所有問題一併爆發的情況並不罕見。韓德臣面對這些任務，自然要付出更大的心力。不過，他確實擁有過人的魄力，縱然工作量如此繁重，但遇上複雜的任務仍會親力親為，例如在鋪設跨海喉管事宜上，他便往英國商討工程，進行招標，及後回來監督工程。鋪設跨海喉管是一項破天荒的工程，並無先例可援。雖然首條過海喉管的運作壽命比預期短，但它的經驗和教訓，為後續的兩條管道和沿用至今的跨海喉管，提供了甚高的參考價值。

韓德臣的表現優秀，在 1932 年擢升為工務司，要處理更多其他基建工程，卻似乎沒有他執行水務工程那樣得心應手，甚至不見他投入其他工程的記錄。76 但他對香港水務的貢獻，包括興建大潭篤、香港仔及城門水務系統，或多或少可抵銷他這方面的不足。他在工務司署擔任首長七年，直至 1939 年退休並返回英國。

首設工地醫院的水壩工程

介紹完韓德臣的水務貢獻，繼續談城門谷供水計劃。

1924 年，英理藩院在批准方案的電報中，附上港府需要諮詢顧問工程師（consulting engineer）意見的要求。[77] 但在第一期工程的記錄中，未有出現聘用顧問的資料。當第二期的城門谷水塘工程啟動前，英廷覺得大壩擁有如此規模，必須得到顧問審視，才會考慮批核。[78] 及後在決定選址時的記錄中，便出現顧問公司 Messrs Binnie, Son & Deacon 的名字。顧問由英廷委任，主要工作是找出其他解決方案（alternative solution），並提供現場勘察時對地基和地質的意見。該公司對日後本地水務工程發展，也有一定的影響力。

顧問公司於 1931 年先後派出 Harold Gourley（H. Gourley, 1886-1956）和 William Binnie（W. Binnie, 1867-1949）抵港視察，其後他們建議修訂計劃，以興建一個大水塘取代三個小水塘。由於最下游的水壩原選址岩層太深，不適合作水壩的地基，因而需要將壩址移向上游。雖然上移的位置較適合建一個更大更高的水壩，但此舉會淹沒計劃中的第二和第三個水壩，因此把方案修訂為築建一個大水塘，更具成本效益。[79]

在勘探地質時，顧問公司羅致了 Gordon Burnett Gifford Hull（1885-1969）作為駐地盤工程師（resident engineer）。他在開展工程前，先行興建荃灣至城門谷的道路、宿舍、工地醫院等支援設施，一俟大壩的設計完成，便萬事俱備，立即啟動工程。[80]

眾多水務工程中，只有城門谷工程將防治瘧疾的費用計入預算之內，費用約是大壩建築費的 1.5%（約港幣 122,000 元）。[81] 這是設計者 W. Binnie 參考其他熱帶地區的水壩工程經驗，而作出的特別安排。這些地區的河谷水窪常有蚊蟲滋生，工人很容易被叮咬而染上瘧疾，無法工作，影響工程進度之餘，更可能造成人命傷亡。因此在工程啟動前，W. Binnie 預先建立防瘧疾的排水系統（anti-malaria drainage），且專為染上瘧疾工友提供治療的簡單工地醫院。醫院設有 14 張病床，有駐場的醫護人員，令染病工友可儘快就診，減低他們的死亡風險，也減少工人因休養而損失的工作時數。

一如顧問公司的建議，改變大壩選址後，壩高得以提升，由原河床計起有 275 呎，壩上路面再高 10 呎，使最高蓄水位（top water level）升至海拔 625 呎，庫容量達 30 億加侖。結果城門水塘大壩成為當時英國及其殖民管治地區中最高的水壩，也取代了大潭篤水壩，成為「亞洲第一壩」。

「亞洲第一壩」之煉成

要成為壩中之霸一點都不容易，H. Gourley 和 W. Binnie 在 1939 年發表的論文也解釋，城門水壩是一項前無古人（也是後無來者）的工程。水壩一般是由土石建成的土壩（earth embankment，如薄扶林水塘水壩），或是以混凝土建成的混凝土壩（concrete dam，如大潭篤水塘大壩），但城門水塘大壩卻是由砂、大石及混凝土組成的複合物料建造。要建造如此龐大的水壩，土壩也好，混凝土壩也罷，均須面對棘手的技術問題，如採用土壩，要用上非常大量的砂石物料；如果興建混凝土壩，問題便相當複雜：首先，動用數以萬噸計的混凝土是基本要求；其次，混凝土在凝固成壩芯時會產生化學反應，釋放熱能，但水壩需要有相當的厚度，熱能便會因為結構過厚而無法有效排出，導致混凝土結構內溫差太大，在凝固後產生大量微細裂紋，使整個水壩喪失止水的功能。

問題更不止於此，顧問工程人員發現選址地段會發生輕微地震（earth tremors），混凝土壩在地殼晃動時，會有極大反應，可能危及結構安全。水壩設計者 W. Binnie 卻以嶄新的構思，利用銅片互扣混凝土板作止水帶，砌成水壩上游面 82 的擋水部件。下方的混凝土板連接後方的「混凝土止推承座」（concrete thrust block），混凝土止推承座之後為大石。利用大石以反作用力支撐總體結構，便可以防止水壩移位。混凝土止推承座和下游大石之間的虛位，再以砂礫填補，增加物料的相互接觸面，讓內部結構每點受力面均勻，以確保水壩整體的穩固性。

然而，水壩放下大量大石，並不包括設計者的心頭大石；為確保結構安全，他們還內設檢查通道（inspection gallery），讓工作人員定期進入，

城門水塘主壩設計
1. 大石
2. 砂礫
3. 混凝土止推承座
4. 擋水部件

檢視擋水板後的狀況，此通道至今仍是水塘安全檢查的重要一環。

除了「亞洲第一壩」，今天遊人必看的地標式建築物還有碗形（bellmouth）的溢洪道。碗形溢洪道出現以前，水塘是以排洪道（chute / spillway）排走洪水（如大潭篤水塘的排洪道），反而像城門水塘的巨型水壩，不宜導引洪水在壩面排走。碗形溢洪道的設計，便是為大型水壩而設的排洪設施。

即便如此，裝設碗形溢洪道也是一門高深學問。設計者當時在城門谷上游位置建立比例模型測試，以找出最佳設計參數，又在 1938 年發表的論文

由於城門水塘的設計前無古人，工程人員在興建前於工地製作多個模型，模擬水塘運作，確保萬無一失，屋旁為碗形溢洪道測試模型。（圖片由水務署提供）

興建中的碗形溢洪道（圖片由水務署提供）

記錄清楚所採用的模型和效果，以引發討論，務求尋找最理想的設計式樣。這種碗形溢洪道在往後的石壁水塘、下城門水塘和萬宜水庫都有採用。但近代趨勢又回歸溢洪道作溢洪設施，因為它方便作全天候檢視，維修也相對容易。

另一項配合大壩使用的設備，還有水壩左側的六個虹吸口（siphons），也是溢洪道的一環。當水位急速升高至超越碗形溢洪道一呎六吋 83 時，便會產生物理條件以啟動虹吸口協助加快排水，此設備特別適合城門水塘這類擁有龐大集水區（大帽山）的水庫採用。

偉大的建塘者們

參與建造城門水塘的英國專家，並非泛泛之輩；W. Binnie 出生於 1867 年，是 Sir Alexander Binnie（1839-1917）的長子。他承襲父親的衣缽，從事土木水務行業，到世界各地建設不少供水和衛生工程，其公司更是承辦土木工程——尤其是水務工程的龍頭公司。W. Binnie 參與的大壩工程中，最顯赫的莫過於埃及的亞斯旺大壩和被稱為「Gorge Dam」的城門水塘大壩。84 他豐富的造壩經驗不但讓他如父親一樣走進名人堂，亦在 1938 至 1939 年度當選為英國土木工程學會會長，更在 1933 至 1946 年間，擔任世界大壩協會英國分會（The British Committee of the International Commission on Large Dams，現改稱為 British Dam Society）會長。85 現時本港其中一間大型工程顧問公司——賓尼斯工程顧問有限公司（Binnies Hong Kong Limited），就是其延續至今的香港分部。早年多項本地大型水務工程，如大欖涌供水計劃、石壁供水計劃、船灣供水計劃、樂安排海水化淡廠和萬宜供水計劃，便出自該公司的手筆。時至今日，該公司仍然活躍於本地水務工程，如將軍澳海水化淡廠，也有它的足印。

H. Gourley 比 W. Binnie 年輕 19 歲，但同樣師從 Sir Alexander Binnie，之後加入 Sir Alexander Binnie, Son & Deacon 工程公司，到世界各地參與水務工程。他於 1924 年成為公司合伙人，1935 年公司更名為 Binnie, Deacon and Gourley——正是大欖涌水塘紀念碑所記載的顧問公司名稱。H. Gourley 除了私人執業，還擔任不少委員會的公職，向英國政府及行業出謀獻策。他在 1956 年 11 月擔任英國土木工程學會會長，可惜只短短六星期，則在任內逝世。86

從 W. Binnie 和 H. Gourley 的背景和履歷可看到，英國政府委任兩人作為城門谷供水計劃的顧問，以至後來聘請的水塘設計師，都是任用頂尖人才，協助香港建造世界一流水壩為目標，而另一位居功至偉的建塘者，就是前文提及的 G. B. Gifford Hull。

G. B. Gifford Hull 在工程起動前，執行多項針對瘧疾措施的工程安排，

荃灣濾水廠為大欖涌水塘供水系統一部分，當年由時任港督葛量洪夫人揭幕，紀念牌匾上刻有工程人員名單。（圖片由水務署提供）

背後源於他在 1927 年被 W. Binnie 派往新加坡柔佛，擔任該處供水計劃的駐地盤工程師所得到的相關經驗。87 這些經驗在城門谷工程大派用場，公司深明工人健康正是工程進度的關鍵，必須果斷處理，於是 G. B. Gifford Hull 把準時完工訂為工作重點，因為城門水塘工程的資金是透過借貸所得，不超支和及早完工就是維持政府良好信貸的重要目標。政府給予 G. B. Gifford Hull 全權處理帳目和工程事項，他亦不負眾望，最後不但省下 150 萬元，更比預期早 15 個月完工。

G. B. Gifford Hull 的背景也許不及 W. Binnie 和 H. Gourley 亮麗，但他是一步一腳印地成為水務專家。G. B. Gifford Hull 完成學徒階段後，以墨西哥供水工程為職業生涯的起點，先後到過厄瓜多爾和秘魯，全程投入為未開發的地區興建水壩，也樂於向當地工人請益，汲取建築智慧。他在兩次世界大戰中均有從軍，擔任皇家工兵，軍階升至准將，為英軍的行軍建屋起橋。第二次世界大戰後，他獲英國政府委任在倫敦重建九萬間房屋。也許是因為對發展中地區的水利工程情有獨鍾，使 G. B. Gifford Hull 毅然放棄英國的安穩工作，回巢至 W. Binnie 處，派駐斯里蘭卡開拓新供水工程，及後在 60 歲重臨香江，與 Binnie 開展戰前已籌劃的大欖涌供水計劃工程和大欖涌水塘，作為他職業生涯中興建的第 21 個水壩。由時任港督葛量洪爵士（Sir Alexander Grantham, 1947-1957 在任）揭幕的大欖涌水塘，再次刻上 G. B. Gifford Hull 的名字，以紀念他為本地供水事務的貢獻。

G. B. Gifford Hull 抱持著「委身專業、至死方休」（die in harness）的心態，工作至生命最後一刻。1969 年，年屆 84 歲高齡的他，仍是以顧問工程師身份執行元朗的工程，最後在香港逝世，長眠於歌連臣角墳場。

藏於城門水塘之秘

1935 年，英皇佐治五世（George V, 1865-1936）登基 25 周年，香港受英國殖民統治，自然也會舉辦連串慶祝活動。工務司署也準備多份大禮慶賀，包括把銅鑼灣至筲箕灣的新路命名為英皇道，在 5 月 5 日至 9 日內，

城門水塘

將名為

銀禧水塘

以紀念英皇銀禧

甫樂爵紳之建議

本港慶祝英皇銀禧籌備委員會、最近會議、通過將現下建築中之城門水塘、改為銀禧水塘（譯音為租卑利水塘）、查此為甫樂爵紳之建議、又山頓爵士提議將現下由銅鑼灣至筲箕灣之新路、改為英皇道、藉以紀念、亦經眾贊成通過、將一併呈請香港政府宣佈云、

當年政府已公布城門水塘命名為「銀禧水塘」（《天光報》1935 年 5 月 4 日）

以連續供水不制水，實行普天同樂。與此同時，城門水塘大壩已見雛形，在 9 月正式截流，並開始蓄水。政府隨即宣布，在城門谷的新水塘賜名為「銀禧水塘」，顧名思義，就是為英皇登基銀禧誌慶。

隨著菠蘿壩（Pineapple Pass Dam）和副壩（Low Gap Dam）在 1936 年底竣工，城門水塘工程已基本完成。如此大型基建落成，自然要由港督主持揭幕典禮。對上一個由港督揭幕的水塘，就是 1931 年竣工的香港仔上水塘，當日主禮嘉賓為時任港督貝璐爵士（Sir William Peel, 1930-1935 在任）。

形勢追不上變化還是千古真理。當一切慶祝活動準備就緒，英皇佐治五世突然在 1936 年初駕崩，皇位繼承人愛德華八世（Edward VIII, 1894-1972）更「不愛江山愛美人」，僅留帝位 12 個月，在同年 12 月，英皇已變成英女皇伊利沙白二世（Elizabeth II, 1926-2022）的父親英皇佐治六世（George VI, 1895-1952）。

在無可慶祝的銀禧，新水塘還能叫「銀禧水塘」嗎？這樣意想不到的歷史轉折，讓 2009 年被列為法定古蹟的城門水塘紀念石碑，變成一組密碼。

時任港督貝璐在 1931 年主持香港仔上水塘開幕禮（圖片由水務署提供）

當中隱藏了精彩訊息，是鮮為人知的水務故事。

與大潭篤和香港仔上水塘不同，時任港督郝德傑爵士（Sir Andrew Caldecott, 1935-1937 在任）親自為城門水塘紀念石碑撰寫碑文。[88] 時至今日，一般民眾的焦點，會放在最底一行以拉丁文句子「NISI DOMINUS FRUSTRA」（假如沒有神，一切皆徒然）之上，後人集中解說此句，或是並非人人都懂得拉丁文的緣故。但碑文真正神秘之處，反而隱藏在多數人都懂得的淺白英文語句中。

它作為紀念碑，卻沒有完整列出基建設施名稱，只有「this reservoir」（這水塘）兩字簡單交代。更奇怪的是，紀念碑上既沒有揭幕日期，亦沒有主持儀式的主禮嘉賓名字。對於當時最重大的基建，一個猶如榮譽勳章的紀念碑刻文，絕不可能出現這種低級錯誤。既然事件不尋常，它應該就是一組密碼，有意隱藏一些訊息，有待將箇中疑團逐一解開。

首先，新水塘為何沒有名字？這點不難解讀，水塘命名原是銀禧慶典的

城門水塘紀念石碑

項目，但英皇等不到水塘揭幕，已駕鶴歸天，隨即新皇登基，再用為先皇而訂的「銀禧」之名，處境會相當尷尬。然而政府之前又鑼鼓喧天地宣布了水塘的名字，在這情勢下，郝德傑決定避重就輕，用「此水塘」輕輕帶過。但是，在老一輩人的記憶中，城門水塘仍叫銀禧水塘，所以水塘原有的名字不是刻在石碑上，而是存在老香港人的記憶中。

其次，碑上沒有日期，是因為城門谷供水計劃的初始工程源於 1923 年，水塘大壩為第二期工程，實際開始的時間已是 1933 年。紀念碑刻上 1935 年，可能是為紀念英皇佐治五世登基 25 年一事上，留點雪泥鴻爪。水塘在 1936 年底竣工，但揭幕日已是 1937 年 1 月 30 日。若果如實寫上 1936 年，會予人延遲揭幕之感，於是姑且改期作罷。

至於主禮嘉賓名字從缺，加上也沒有當時常見的「His Majesty」、「H. M.」或「His Excellency」等遣詞用字，情況頗不尋常，這點便要從郝德傑的背景分析。郝德傑在抵港履新前，曾於馬來亞當輔政司（colonial secretary），有著平息不同民族紛爭的能力，贏得各民族讚譽。此功績讓他獲升遷至香港，成為第十九任港督。不過。他履新時，卻一改港督戎裝打扮，以平民服飾登岸，[89] 盡顯他平易近人的形象。

不但如此，在紀念碑上抬頭用「GOVERNMENT OF HONGKONG」字樣，或許此水塘是以本地政府借貸款項作興建為主，碑上題上設計者和工程師的名字，讓他們後世流芳。最後的拉丁文既讚美神又間接歸功興建者的付出，全都反映出郝德傑謙厚的個性。他在 1935 年 12 月上任，當時大壩工程已接近尾聲，並已截流和開始供水，基本上他只需擔任揭幕主禮人即可。因此在自己題撰的紀念碑上，並未放上自己的名字，也符合他謙遜的性格。

值得一提的是，水塘由郝德傑揭幕，全賴 G. B. Gifford Hull 提早完成工程，因為在 1937 年，錫蘭政局出現動盪，英廷立即調派郝德傑至當地穩

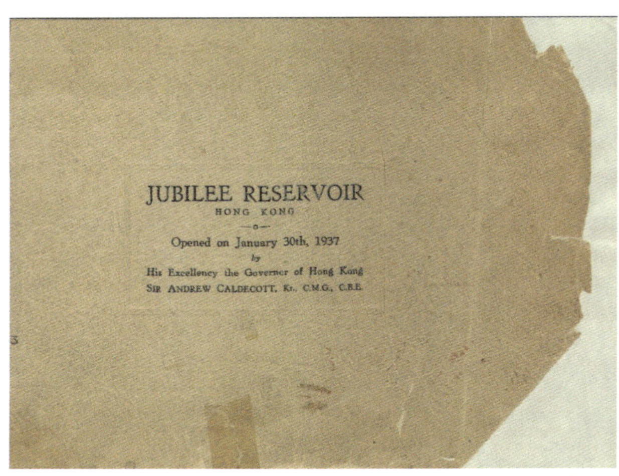

JUBILEE RESERVOIR
HONG KONG
—o—
Opened on January 30th, 1937
by
His Excellency the Governor of Hong Kong
SIR ANDREW CALDECOTT, Kt., C.M.G., C.B.E.

時任港督郝德傑主持城門水塘揭幕禮（上），而場刊（下）仍以「銀禧水塘」作名稱。（圖片由 Tymon Mellor 先生提供）

定局勢，他遂於 4 月 16 日離港，結束僅約 16 個月的港督生涯，成為史上任期最短的港督。若 G. B. Gifford Hull 如期完工，水塘的揭幕者便會是同年 10 月履新的港督羅富國爵士（Sir Geoffry Northcote, 1937-1941 在任），屆時紀念碑上的文字，應該會是另一番光景了。

積臣的
時代見證

即便是資深的水務歷史愛好者，相信也會對積臣（Leonard Jackson）這名字感到陌生。若查考水務署記錄，可能只知他是一位經歷戰亂後，仍留港服務的工程師。然而，若沒有他在逆境中持守專業，於戰亂時做好準備，戰後立即撰寫技術報告，為百廢待興的水務設施提供技術立足點，香港的水務運作較難以最短的時間復元。透過他的論文，後人還可一同見證時代的轉變。積臣對香港戰後的水務發展影響深遠，也是一個值得大家記住的名字。

1939 年初，也是時任工務司韓德臣服務香港最後一個年頭，他意識到水務工作將漸趨繁重，所以在離任歸英前，把工務司署轄下兩個處理供水的支部：即水務建築（waterworks construction）與水務保養（waterworks maintenance）分拆出來，合併成為一個部門，並正名為「水務局」。新部門有獨立的開支總目，自行管理營運開支，並開設新職位「水務工程師」（waterworks engineer），出任新部門的首長，年薪為￡1,300（與助理工務司［assistant director of public works］基本起薪點相等），90 使水務局的運作幾乎獨立於工務司署。91 這個新的首長職位，韓德臣屬意晚他一年到任、由 1920 年開始已和他並肩處理水務的活華（William Woodward）擔任。這個安排，反映韓德臣希望用最適當的接班人，拓展香港供水事務。

和活華一起調派到新部門的，還有剛加入工務司署半年的年輕工程師積臣。1938 年，28 歲的積臣受聘抵港工作，當時城門水塘剛完成，但政府已表示庫容量達 3 億加侖的城門水塘，並不足以幫助香港擺脫制水之苦，必須盡快尋覓及開拓其他水資源。92 為應付此等重大任務，新部門得以在短時間內加大編制，工程師增至七名，93 而大帽山以西的大欖涌水塘計劃，亦隨即展開勘探地質和選址等籌備工作。

與此同時，大戰密雲已經布滿香港上空，不少外籍工程師並未回鄉避亂，一方面可能出自責任心，另一方面他們可能沒想到日軍實行攻擊香港，而選擇留下。可惜在 1941 年 12 月 25 日，香港終告淪陷，大多當時留守大潭的歐籍工程人員，不幸遭到最殘酷的日軍第 229 聯隊殺戮。其他沒有參加義勇軍的外籍文官，大部分被關押於赤柱拘留營，94 其中包括時任工務司包華士（A. B. Purves）、活華、積臣，另有三位水務局工程師 R. H. Woodman、J. G. Campbell 和 J. F. Burford，以及來自工務司署或船行的工程師。95

縱然在拘留營內失去自由，還要忍受飢餓、疾病和日軍的惡行，但營內不少專業人士仍用盡方法去傳承知識，其中一位有心人，是太古船塢經理芬尼（John Finnie）。96 據他的下屬 Thomas Maclean 憶述，97 芬尼在拘留期間，致力連繫其他同行，不時舉辦技術交流座談，這活動深受營內的工程師歡迎。那些被困營內而無法接受正規教育的青少年，對他們的講座尤為喜愛。拘留營內不少工程師都是這些活動的常客，相信積臣和其他水務局的工程師也是其中一員。

戰爭結束後，芬尼與一群有志同道合之士，於 1947 年 11 月成立了 The Engineering Society of Hong Kong，98 他被推舉為創會會長（1947/48 年度）。積臣和他四位水務局的同僚悉數加入了學會，相信是在拘留營期間，被芬尼的熱誠所感動和啟發。積臣更是相當投入，在學會成立的第一年，即 1948 年 12 月，則發表了一篇題為 “The Hong Kong Waterworks” 99 的論文。

積臣發表文章時已 38 歲，即已在港工作了十年。過程中他了解過戰前的供水狀況，又參與籌備拓展大欖涌計劃。其後發生戰亂，雖然身陷拘留營，卻有機會和芬尼及其他同囚的工程人員砥礪切磋。和平之後，即忙於回復正常的供水狀態，並立刻重啟被中斷的大欖涌計劃，以應對人口急速增長的預期。100 單是整理這些非一般的經驗，已有相當的參考價值。

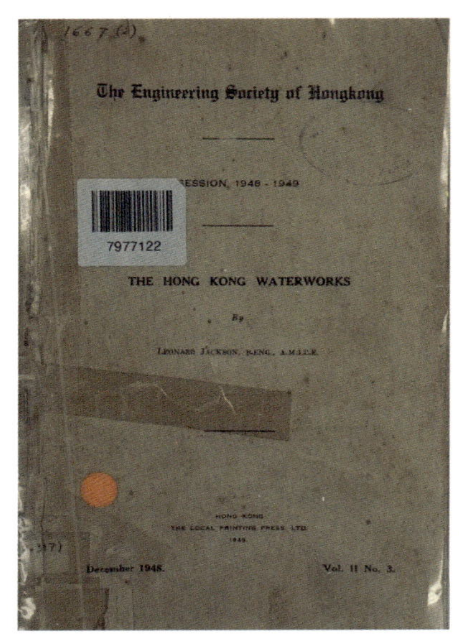

積臣所撰寫的論文「香港水務」（圖片由水務署提供）

積臣的文章並非純粹分享自身經驗，而是由 1859 年港督羅便臣徵求供水計劃開始，分析到 1948 年每項水務設施的重要資產資料和效能，又詳述百多年來水務設計的要點和利弊，再加入自身經驗說明，這些內容的結構和鋪排，基本上已是一份資訊完備的水務教材。

這篇近 70 頁的論文，絕非冗贅艱澀的技術文。積臣盡量使用外人都能理解的詞彙，概述本地水文、水塘、引水道、供水量、主幹喉、濾水廠、配水庫、抽水站、分配水喉、水錶及管理架構等等，又附以不少數據來協助解說整體狀況。除了概論和數據，他亦詳細地分項介紹各類水務設施和其不足之處，並作出個人分析，既帶出時人所遇到的困難和局限，同時又提及進取的解決方法，用語平實，毫無吹噓取巧，教人信服。

例如他解釋當時制水的決定，有時並非因為缺乏原水，而是濾水廠濾水能力有限（當年每日最多 3,700 萬加侖供水量）。遇上悶熱天氣，用水需求激增，一旦連續兩天的每日需求量超過 4,000 萬加侖，濾水廠便趕不及處理，制水則無可避免。就此，可行的解決方法，便是盤算如何臨時縮小供水範圍，並從其他配水庫調配存水、互相協調救急，以免個別配水庫被清空，而衍生如水質變差、水壓消失等更難應付的供水問題。

另一例子是關於引水道的討論，在此之前，引水道的公開討論一般只集中在工程範圍，或研究可把集水區範圍擴大多少。但積臣帶出了新的討論方向，如設計引水道的難處，以及如何有效增加收集原水的效率。他點出引水道或使集水設施超出負荷，而引申種種問題，如過量湍急的水流容易把引水道沖毀；又例如引水道在暴雨期間收集大量雨水，以致水塘的溢流洪峰過大，此時必須降低水壩溢流水位，以維持其結構穩妥，但此舉亦導致儲水庫容量降低。這些互相矛盾的因素，正是水務設計者需要詳加考慮和衡量之處。

除了分析和敘述前人經驗，積臣也分享了其負責勘察和設計的大欖涌水塘計劃之心得。解說之餘，他不忘鳴謝各同事提供的所需資料，以助他寫出如此詳盡內容。積臣當時在工作架構的職位是建築部工程師（construction engineer），但解說的內容仔細分析各項供水設施的來源和限制，顯示他應該有參與實際的營運。擁有如此豐厚的經驗，相信他不只是建築部工程師，很有可能也曾擔任供應部工程師（supply engineer）一職。[101]

論文除了實務性的內容，也有一些有趣的冷知識，例如在 1948 年，全港用戶已安裝水錶，實行用者自付原則。當時共有 25,003 個水錶，而需要維修或測試的水錶，竟然超過兩萬個，是否意味著這些水錶為劣質次貨？非也，純粹因當時其中一項水務工作目標，是每個水錶需要每年測試一次，只是報告項目描述為「維修或測試」，而造成錯覺。但無論如何，每年要測試兩萬多個水錶，工作量絕不輕鬆，因此水務局在灣仔普樂里設立新維修工場（於同年落成）來應付。積臣亦預告九龍將會興建新工場，雖然文章沒有交代位置，但所指的應是旺角洗衣街工場，即水務同僚口中的「旺角廠」。它於 1950 年落成，運作至 2018 年後拆卸。

最後，積臣在附錄內載上不少圖示，如不同水壩或引水道的橫切面比較、港島供水系統和城門供水系統的示意圖（schematic diagram），香港與三個英倫城市的供水數據，以及各項設施的重要參數，有助讀者更全面地了解水務作業的規模和運作原理。

積臣撰寫這篇論文的動機，可能是身體力行地支持戰後兩年便成立的

The Engineering Society of Hong Kong，而他深入淺出的論述，也延伸了拘留營時期普及教育式的知識傳授理念。這篇 1948 年發表的論文，不但向時人介紹水務基建的知識，在文章發表 20 年後，仍被時任的水務局工程師引用，作為他們分別撰寫於 1964 年及 1969 年內部文件的起點，來回顧

普樂里工場（圖片由水務署提供）

從亞皆老街洗衣街路口方向望新建成的旺角廠（圖片由水務署提供）

水務發展和盤點相關設施，可見積臣的行文立論經得起時間考驗。他不單成為時代轉變的見證人，更實踐了「承先啟後、繼往開來」這句古老格言。

積臣，是你嗎？

本地的文史愛好者對積臣認識不多，但對另一個水務署的「積臣」，卻興趣甚殷，它就是在我們城市牆腳偶然發現的屋仔形圖案。這些有不同顏色、並附有數字及 SV 字元的標記，現今已成為如界石或 T 字街牌般的鬧市尋寶對象。它們其實是水掣指示符（valve indicator），作用是協助水務局同事找出正確的水掣來操作。不過隨著 1999 年水務局把喉管記錄數碼化，工作人員可以靠 Valve Reference Numbering (VRN) System 準確找到水掣位置，毋須在街角四處尋找屋仔圖來鎖定水掣所在。由 2005 年起，水務署更全面放棄採用屋仔圖，換句話說，屋仔圖在不再翻新的情況下，將隨年月慢慢淡出這個城市。

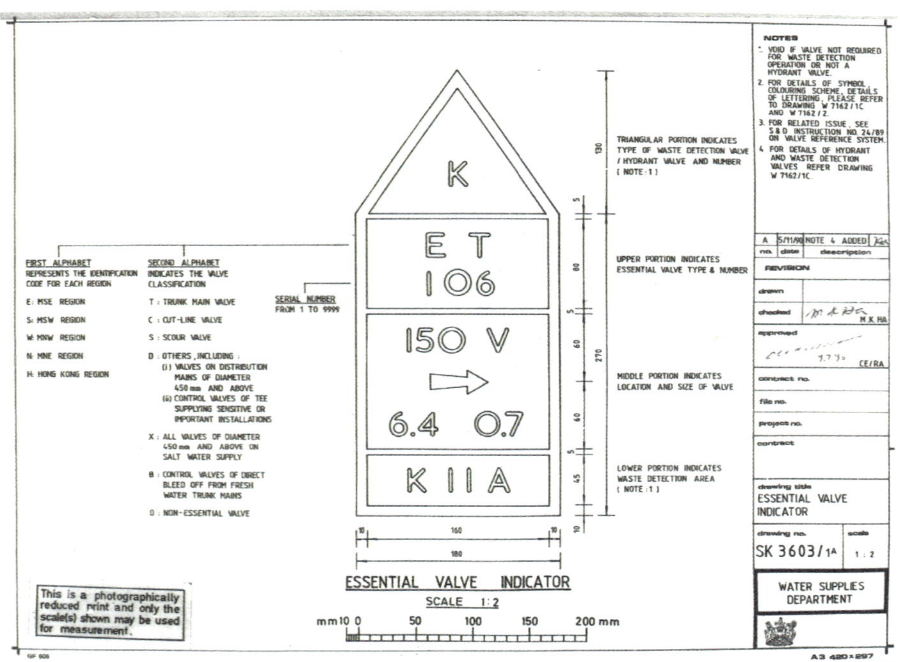

「積臣」圖則（圖片由水務署提供）

根據昔日資料所見，這些水掣指示符在戰前呈四邊形，黑底白字，繪製在離地較高的位置。但在 1950 年代開始，這些指示符起了很大的變化，除了多了色彩和一個三角形的頂部，資訊亦較豐富：由圖案上至下的編排，可得知水掣在供水區域的類別、編號、大小、水掣種類、水掣離開指示符的坐標及測漏分區編號；黃底黑字和黑底白字分別為鹹水和食水水掣，黃底紅字和紅底黃字為鹹水和淡水消防栓水掣。

繪畫「積臣」的模具

殘留在城市的「積臣」

此外，繪製屋仔圖也有學問。據水務署的老一輩口述，它主要繪畫在學校、警局、消防局或公園的牆身，或是街燈柱、天橋橋墩等公共建築上，盡可能避免塗印在私人產業上。繪畫時會先用金屬模板畫外框，再用另一模板填上顏色和字體即可。積臣的位置主要在牆身下方，既顯眼又不會引致他人

在 1930 至 1940 年代，水掣指示符仍是黑色長方形，位置離地約四呎左右。

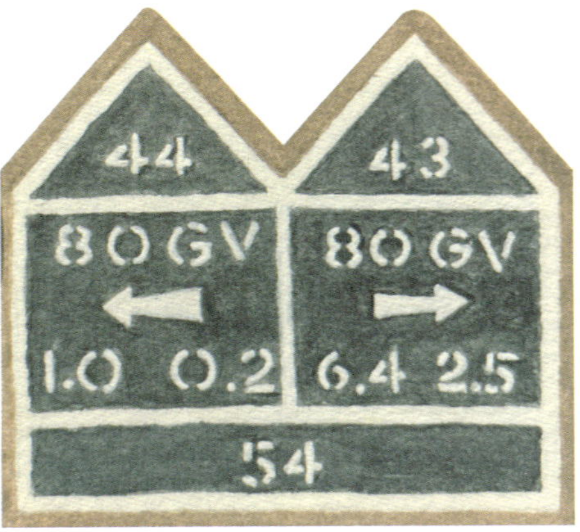

1950 年代起，始見「積臣」。

投訴。另外，它需要處於離地約一兩呎的位置，以致在淹水的情況下，仍能看到它的指示。至於負責維修的水務人員，一般都會穿著拖鞋，根據屋仔圖到達水掣附近後，再用腳部在水底探索水掣。

有趣的是，這時指示符竟擁有自己的名字，叫做「積臣」。它們出現的時間，剛好和積臣在水務局服務的時間吻合。翻查記錄，在該段日子的水務局工程師中，亦只有本文介紹的積臣。莫非此積臣和彼「積臣」，真的有重要關連？近代水務署人員一直稱屋仔圖指示符為「積臣」，像習俗般流傳，毫無記錄說明這名稱的由來，也許這個水務歷史之謎，要留待有緣人破解了。

註釋

1 馬冠堯：《香港工程考 II：三十一條以工程師命名的街道》，三聯書店（香港）有限公司，2014 年，頁 79。

2 J. M. Price, *Report on Progress of Tytam Waterworks*, 1885.

3 Francis Cooper, *Report on the Water Supply of the City of Victoria and Hill District*, Hong Kong, 1896.

4 *The Hong Kong Government Gazette*, Vol. VI, 30 June 1860.

5 馬冠堯：《香港工程考 II：三十一條以工程師命名的街道》，頁 80。

6 J. M. Price, *Surveyor General's Report on the Tytam Water-Works*, 1885.

7 馬冠堯：《香港工程考 II：三十一條以工程師命名的街道》，頁 103。

8 *The Hong Kong Government Gazette*, Vol. XV, 25 September 1869.

9 同注 6。

10 有四名在任離世的醫官長眠在香港墳場，包括 William Aurelius Harland（在港感染熱病，1858 年去世，得年 39 歲），Francis Dill（在港感染肝病高熱，1846 年去世，在港服務三年，年齡不詳），William Morrison（在港感染肝病，1853 年去世，得年 41 歲），Robert McCoy（1873 年去世，得年 33 歲，死因不詳）。

11 David Faure, The Common People in Hong Kong History: Their Livelihood and Aspirations Until the 1930s, in Lee Pui Tak, *Colonial Hong Kong and Modern China: Interaction and Reintegration*, Hong Kong University Press, 2005, p. 19.

12 首本在香港出版的華文香港史地掌故、於 1894 年由陳鏸勳撰寫的《香港雜記》提到：「……是時港憲關心民瘼，深慮積穢之壅塞，鬱抑而成癘疫也，疏陳英廷後，理藩院著欽差察域（即查維克）查辦此事，察域覆奏，力陳暗渠規制近古，不合時宜，欲舍舊而新是謀，特設潔淨局，專司潔淨一事，局紳十人，四人在官，其餘二由民間公舉，四由督憲派差，內二人屬唐，二人屬西，衢道既一律更新，香港可稱為東道之淨土，不減於英京……」可見當時華人社會知識分子階層，對查維克來港進行衛生及水務改革一事，亦有所知曉。

13 May Holdsworth and Christopher Munn (eds.), *Dictionary of Hong Kong Biography*, Hong Kong University Press, 2012, pp. 66, 67.

14 潔淨局（Sanitary Board）由查維克建議，並於 1883 年成立。

15 葉蔭聰：〈一個衛生城市的誕生：香港早期公共房屋的殖民建構〉，《城市與設計學報》第 13/14 期，2003 年，頁 347、350。

16 本文關於三井的部分，主要參考水知園前顧問葉賜權先生在水務署刊物《點滴》第

112 期〈九龍三口水井的三個謎團〉一文，亦在葉先生指導下寫成。

17 這三井是三口獨立集水區主井，為防止管道被沙泥雜物堆塞，主井旁邊按需要增建了多口沙井。由於水管有機會淤塞，並用地下喉管將沙井和主井連結，確保主井能夠收集足夠多的水，並利用虹吸原理抽水。所有主井下游的集水區的出口位置，均裝設水壩，它的作用是一個水閘，攔截集水區的地下水以免流失。雖然查維克主張以沙濾池過濾食水，但九龍三井並沒有相應設施，估計水源採用了源頭過濾，即水進入水井前必須穿過不同大小的沙石，進行吸附（adsorption）過濾後供人直接飲用。

18 查維克和善臣的建議其後被納入《公眾衛生及建築條例》（*Public Health and Buildings Ordinance*），並於 1903 年通過。

19 每戶每人每日平均只供應 6 加侖水，一旦超出則須付費。根據香港政府 1823 網站資料指出，港督可酌情將維多利亞城內徵收餉項的 2%，用作繳納食水開支。這項有關食水供應的特別條文，仍反映在今日的《差餉條例》中——未獲政府供應食水的物業，可獲調低差餉額。

20 建議在 1960 年代才得以落實，當時水務局成立了水文組（Hydrological Unit）處理有關工作。「水年」是以本港雨季每年 5 月 1 日開始計算，並以翌年旱季 4 月底結束。由於水年的集水量轉化為法曆年或財政年便非常麻煩，所以直至 1980 年代後已很少使用。

21 艾文查維克（Edwin Chadwick, 1800-1890）去世後，按其遺願把遺產以慈善信託形式，在倫敦大學學院成立查維克土木工程講座教授（Chadwick Professor in Municipal Engineering at University College London），其子奧斯伯於 1898 年出任首位講座教授。

22 Arnold Wright, *Twentieth Century Impressions of Ceylon: Its History, People, Commerce, Industries, and Resources*, Asian Educational Services, 1999, p. 97.

23 Obituary of James Mansergh, *Minutes of Proceedings of the Institute of Civil Engineers*, Vol. 161, Issue 1905, pp. 350-354.

24 柯寧（James Orange），利安顧問有限公司創辦人之一。

25 利羅弼（Robert Leigh），利安顧問有限公司創辦人之一。

26 馬冠堯：《香港工程考 II：三十一條以工程師命名的街道》，頁 182。

27 Osbert Chadwick, "Report on the Drainage of the Eastern District of Victoria", *The Hong Kong Government Gazette*, 27 September 1890, p. 980.

28 不少人會以現時工程上的用字直接翻譯 resident engineer 為「駐地盤工程師」，但當時工作範圍既非地盤，本身工作範疇亦非處理地盤工程事宜。故按其職權理解，譯作「處長」較合適。

29 Osbert Chadwick, "Preliminary Report on the Sanitary Condition of Hong Kong", Public Work Office, 1902, p. 2.

30 香港歷來最乾旱的年份是 1963 年，全年總雨量只有 901 毫米。由於此處所指日期並非一整年度，難以作出類比，但連續 270 日僅錄得 330 毫米，是一個教人相當不安的紀錄。

31 1860 年的 Water Supply Ordinance 可稱為香港首條關於供水的法例，內容是在完成薄扶林水塘工程後，維城地區需要開始繳納 2% 作差餉（又稱水餉）以資供水用途。但該法例僅有短短六條條文，主軸只是收稅，沒有其他供水服務的賦權、限權、違法和罰則條文。直至 1890 年的《水務條例》，交代了水務監督（water authority）的責任、權力、保護水務設施或集水區、用水收費和租賃水錶價目等內容。但當中有關水錶安裝的要求，只限於維城內的非住宅用水戶。

32 Osbert Chadwick, "Preliminary Report on the Sanitary Condition of Hong Kong", Public Work Office, 1902, p. 15-16.

33 曾梅芬編訂：《香港差餉稅收歷史》，差餉物業估價署，2013 年，頁 12。

34 由於當時港島和九龍不斷擴展，即使差餉條例理論上適用於整個城市，但仍可能形成政府不同服務發展速度，未能同步於居民聚居的地點落實。這細項與上一細項不同之處，是針對非政府批地或賣地之場所，屬包底條款。

35 馬冠堯：《香港工程考 II：三十一條以工程師命名的街道》，頁 184。

36 Osbert Chadwick, *Peak Drainage and Water-supply*, 1889.

37 Osbert Chadwick, "The Proposed Water Supply for Kowloon", *Hong Kong Daily Press*, 30 May 1890.

38 作者按：為何要按高度分區，而不是靠單一高位配水庫來供應全個山坡建築物？因為水向低流，要向上走，就必須靠外來動力。若利用水泵以同等單位的力量推動水體上升，爬升越高，每秒的泵水量就越少，而且配水庫所處的高度與用戶的高低差越大，用戶附近的水壓便越高，時日一久，水管便更易老化或破裂滲漏。事實上，要在港島北麓找一平地建一大配水庫，幾乎是不可能的任務，只可作零碎式分布。因此合適分配泵水高度和配水庫容量，與供水區的大小，必須作出精準計算。

39 山頂區（Peak District / Hill District）的定義為 600 呎等高線以上。

40 作者按：泵水的原理是靠稍高於抽水站的配水庫內水所含的位能（potential energy），部分轉化為動力（kinetic energy），推動活塞。活塞便一下一下把來水擠壓往上的出水管，便可把水由低處推向高處。這種形式也有好處，由配水庫提供水壓的水，在經過水泵後，水蘊含的能量經過運動（work）後便得到消耗，其總能量因而下降，從而減低水管內的耗損，一舉兩得。

41 青草山沙濾池位於旭龢道，位置前身為龍虎山環境教育中心。

42 目前仍剩下一個可運作的柴油泵，服役於萬宜水庫。

43 蒸氣泵裝設在般咸道和大潭篤的抽水站。

44 Osbert Chadwick, "Preliminary Report on the Sanitary Condition of Hong Kong", Public Work Office, 1902.

45 Osbert Chadwick 於 1886 年獲頒 C. M. G. 勳章，但他並非工務司，而他的功績也涵蓋多個英國海外殖民地。

46 馬冠堯：《香港工程考 II：三十一條以工程師命名的街道》，頁 203。

47 Lawerence Gibbs, "Report on Water Supply, Kowloon", *Hong Kong Government Gazette*, 1 February 1901.

48 九龍街原位於九龍寨城對面的龍津橋旁，現時為東正道。

49 《德臣西報》，1877 年 2 月 26 日。

50 前深水埗配水庫已於 1970 年停止運作，現今成為供市民觀賞的水務古蹟。

51 丹尼遜．雷安及傑斯顧問公司的作品包括深水埗配水庫、明德醫院、淺水灣酒店、香港大學儀禮堂及被譽為香港最漂亮的郵局——第三代郵政總局。

52 沙濾池在戰後（約 1955 年）改建為大埔道濾水廠，承托連接喉管的石橋柱墩、安放喉管的石砌隧道入口等，該設施較少人認識，亦未獲評級。

53 本地早年的工務工程，須由工務司署內職員設計和監督建造。其後於 1929 年的立法局會議上，普樂爵士（Sir Henry Pollock, 1864-1953）提出仿效 1901 年傑斯的安排，聘用私人執業的工程師以加快水務工程進度。時任輔政司修頓爵士（Sir Wilfrid Southorn, 1879-1957）指出，當時傑斯在離開政府前已負責設計整個工程，而他投身私人市場後再獲聘用，也只是完成由他一手策劃的工作而已，也是具經濟效益的理想做法，因此不能作為聘用非政府工程師來監督執行政府工程的先例。

54 港島區只會向有淡水供應的住戶徵收「水餉」，但九龍半島在三井連油麻地抽水站啟用後，已為所有用戶安裝水錶，並按用量收費。

55 Public Works Report 1902.

56 傑斯於 1907 年及 1931 年，分別在 *The Far Eastern Review* 及 *The Hong Kong Naturalist* 詳細介紹整個九龍水務系統工程。

57 陳公哲在《香港指南》頁 23 這樣描寫九龍水塘的猴子：「大埔水塘（按：筆誤，應為九龍水塘）下松林中多猴，攜果餌之，諸猴俱集，怪態百出，別饒趣味。」

58 查維克在 1902 年的報告特別提及，需要對新界的土地小心考察，若有合適作為集水區的地段，便不宜作發展。這建議日後也發展成相關法例，沿用至今。

59 九龍副水塘有 16 個排洪口，香港仔上水塘有 14 個排洪口。

60 雖然主壩未完成，但系統已可進行供水，所以九龍水塘的供水日期較竣工日期早。

61 前深水埗配水庫的石柱採用美工粗琢（即石磚的中央會稍稍突出，在排列後顯得有美感）的方式處理，但為何在暗塘（即不用曝光的儲水設施）用上如此精美的建築手法，相信是因為英國建築師的課程設有美學訓練，此舉亦可能只是傑斯在建築工程上一貫的處理手法。

62 根據英國土木工程學會 1883 年 1 月的討論記錄，柏林沙濾池因需要不時清洗污泥，以免因沙泥積聚而損壞，而設有照明的安排。

63 圓燈是一個生鐵鑄造的圓形鐵框，內部有網格，以鑲入 Luxfer 最新款式的稜鏡。

64 大埔瞭望台現已被古物古蹟辦事處列為一級歷史建築。

65 York Lo, 商城雜記, 31 December 2020 (https://www.facebook.com/permalink.php?story_fbid=pfbid035hnvPhHbnsNb3FWt9fJTVoXha8Qn7Bvki5UMrK5htBkszom7bGrS5D5w4usEQUyNl&id=586431305384840), accessed on 30 September 2024.

66 Civil Establishments of Hong Kong, for the Year 1912, p. 196.

67 謝斐曾參與油麻地避風塘的興建工程，深得工務司署重用，可惜在大潭篤水壩落成不久後便染病辭世。政府為紀念他對本港水利工程的貢獻，便將灣仔新落成的道路以他命名，即今天的謝斐道。

68 Jaffé, Daniel, "Hong Kong Waterworks: Low-level Reservoirs and Contingent Works for Pumping Supply", *Minutes of the Proceedings of the Institution of Civil Engineers*, Vol. 207, Issue 1919, 1919, p. 404.

69 Session Paper No. 8/1921, *Report of a Committee Appointed to Consider the Feasibility of Extending the System of Water Carriage in the Colony by Pumping up Salt Water from the Harbour and the Provision of Suitable Pipes Therefor*.

70 見圖則 W499。

71 Hong Kong Legislative Council Minutes, 26 October 1922, pp. 134-135.

72 Session Paper No. 4/1929, CSO8 in 3245/22, "Report on the Shing Mun Valley Waterworks Scheme by Mr. R. M. Henderson, M. Inst. C. E., Chartered Civil Engineer".

73 三個水塘是參照大潭系統規劃，與大潭類比，就是大潭上水塘，輸水隧道至大坑道、寶雲輸水道、雅賓利沙濾池和配水庫。

74 Hong Kong Legislative Council Minutes, 23 September 1929, p. 232.

75 馬冠堯：《香港工程考 II：三十一條以工程師命名的街道》，頁 296。

76 馬冠堯：《香港工程考 II：三十一條以工程師命名的街道》，頁 322。

77 同注 72。

78 Hong Kong Legislative Council Minutes, 23 June 1932, p. 78.

79 見參考注 78，及 W. J. E. Binnie, H. J. F. Gourley, “The Gorge Dam”, *Journal of the Institution of Civil Engineers*, Vol.11, Issue 5, March 1939, pp. 181-182.

80 見參考注 79。

81 同上注。

82 筆者曾與英國的水塘安全專家討論城門水塘水壩的設計，對方亦認為其設計相當特別。

83 *Jubilee Reservoir Hong Kong*, HKUL eBooks, 1937, p. 5. (https://digitalrepository.lib.hku.hk/catalog/zg650x544#?c=&m=&s=&cv=19&xywh=-215%2C-108%2C2784%2C1998), accessed on 8 October 2024.

84 “The Gorge Dam, Hong Kong”, *Nature*, Vol. 143, 13 May 1939, p. 824; Jones, Stefanie P, “Binnie, William James Eames”, October 2009 (https://www.dib.ie/biography/binnie-william-james-eames-a0671), accessed on 15 August, 2024.

85 https://en.wikipedia.org/wiki/William_Binnie_(engineer), accessed on 20 August, 2024.

86 “Obituary. Harold John Frederick Gourley, 1886-1956”, *Proceedings of the Institution of Civil Engineers*, Vol. 6, Issue 2, February 1957, pp. 366-367.

87 *The Royal Engineers Journal*, Vol. LXXXIV, December 1970, The Institution of Royal Engineers, pp. 354-357.

88 Memo ref. P. W. D. 9291/45VI, 25 October 1957, from Director of Public Works to Hon. C. S.

89 香港史上只有郝德傑和彭定康兩位港督，以平民服飾登岸履新。

90 Civil Establishment of Hong Kong for the Year 1939, p. J112, J124.

91 1939 年工務司年度報告第四段。

92 〈輔政司立法局昨日會議對制水問題之答述〉，《天光報》，1937 年 3 月 11 日。

93 Staff List I, Hong Kong, Colonial Secretary's Office, 1 April 1941, p. 64, 65.

94 參考高添強先生訪問。

95 Gwulo, John Black's List of Stanley Camp Internees, 19 April 2023 (https://gwulo.com/node/59289), accessed on 15 September 2024.

96 芬尼在 1950 年代曾擔任香港房屋協會主席，鰂魚涌的芬尼街便以他命名。

97 Hong Kong Institution of Engineers, n.d. (https://www.hkengineer.org.hk/issue/vol33-may2005/cover_story/), accessed on 20 September 2024.

98 作者按：The Engineering Society of Hong Kong 性質屬學術團體，為香港各工程界的同行提供平台，讓他們無論是否擁有英國工程師學會的會員資格，也可以自如地交流經驗和知識。於 *Hong Kong and Far East Builder* 期刊 Vol. 7 No. 2（November and December 1948）內，刊登了第二屆（1948-1949）會長 S. E. Faber 1948 年 5 月的周年晚宴演講，明確指出學會成立的宗旨，是讓這片彈丸之地的工程師，有一個工作場所以外的地方輕鬆交流，亦可望為年輕的工程師擴闊學習機會。在同一篇期刊報道內，記錄了積臣和另外四位水務局的工程師，已加入了學會。

此學會其後在 1975 年訂立的《香港工程師學會條例》下，改組成為專業學會，即今天的「香港工程師學會」（The Hong Kong Institution of Engineers），負責工程師資格認證的機構（recognized qualifying body）之餘，亦繼續秉承互相交流學習的宗旨。

99 *The Engineering Society of Hong Kong*, Vol. II No. 3, Session 1948-1949, December 1948, The Local Printing Press, Ltd., 1949.

100 根據 1946 至 1947 年度的工務司署報告，大欖涌計劃的勘探工作原委託 Messrs. Binnie Deacon & Gourley 負責，但原址地質上不適合，要再行覓地建壩。有關工作因戰爭中斷，在和平後重啟，但當局認為，須先以最新技術進行地質勘察，故特別委託 Messrs. Legrand Sutcliff and Gell 跟進有關工作。

101 建築部工程師是負責新工程項目的推展和實行，而供應部工程師負責維護保養現有水務設施，令供水平穩暢順。

早年水務工程的華人傳說

早年工務司署專家和本地承建商的角色，正式而言是僱主與服務提供者的關係，但更貼切地形容，應是「猛虎」與「地頭蟲」。承建商一向是華人天下，外商極難打入市場，工程絕大多數判給華人，因為他們掌握人力及建材資源，成本得到有效控制，同時他們亦兼擅東西方的建造技術與知識，能按署方的要求嚴謹地執行項目，是以香港屹立逾一世紀的水務古蹟，只有極少數不是出於香港華人承建商之手。

尋找陳亞東家族的吉光片羽

追尋「陳亞東」是一項嚴峻的挑戰。從大約 2010 年開始，筆者斷斷續續蒐集相關資料十多年，總是對「陳亞東」這個神秘的早期水務承建商所知甚少。在政府正式的文獻或工務司的報告內，幾乎找不到「陳亞東」這間公司或對其人有所著墨。在資料如此匱乏的情況下，理應「盡責」放棄這一篇章，偏偏陳亞東所建造的，不少是早期重要的基建設施，撇下他實在可惜，唯有把多年來蒐集的資料盡量分享。

這位神秘的承建商在 1883 年開始業務，參與興建了不少至今有跡可尋的香港早期著名建築。就水務工程而言，他的作品有 1888 年落成的大潭水塘，至於屬水塘系統一部分的寶雲輸水道，也可能出自這家承建商之手；又例如 1895 年油麻地的三個水井和紅磡配水庫，基於結構及設計大同小異的關係，與現存的一級歷史建築前油蔴地配水庫，也極有機會由陳亞東一手包辦。及至 1898 年的黃泥涌水塘，圖則上也有陳亞東以 Chan a Tong 式樣簽名。

在此之前，陳亞東還投得中央街市及許多主要建築和建造工程，包括：敷設電車車軌、鶴園街英泥廠、太古糖廠及當時 Messrs. Butterfield & Swire 在鰂魚涌區內大部分建築物及煤氣公司的蒸餾廠和倉庫等。陳亞東公司僱用的工人多得數以千計。其後他晚年身體轉差，政府開始籌建當時最顯赫的建築工程——人稱「大葛樓」[1] 的高等法院，即現時的終審法院大樓。初時他並不打算接此工程，因為法院大樓以花崗岩為主要材料，對建築工藝

陳亞東三父子，左為陳亞東，中為次子陳吉初，右為長子陳錫齡。

從太古療養院俯瞰剛建成的大潭水塘，當時大壩尚未加高，外籍職員宿舍清晰可見。

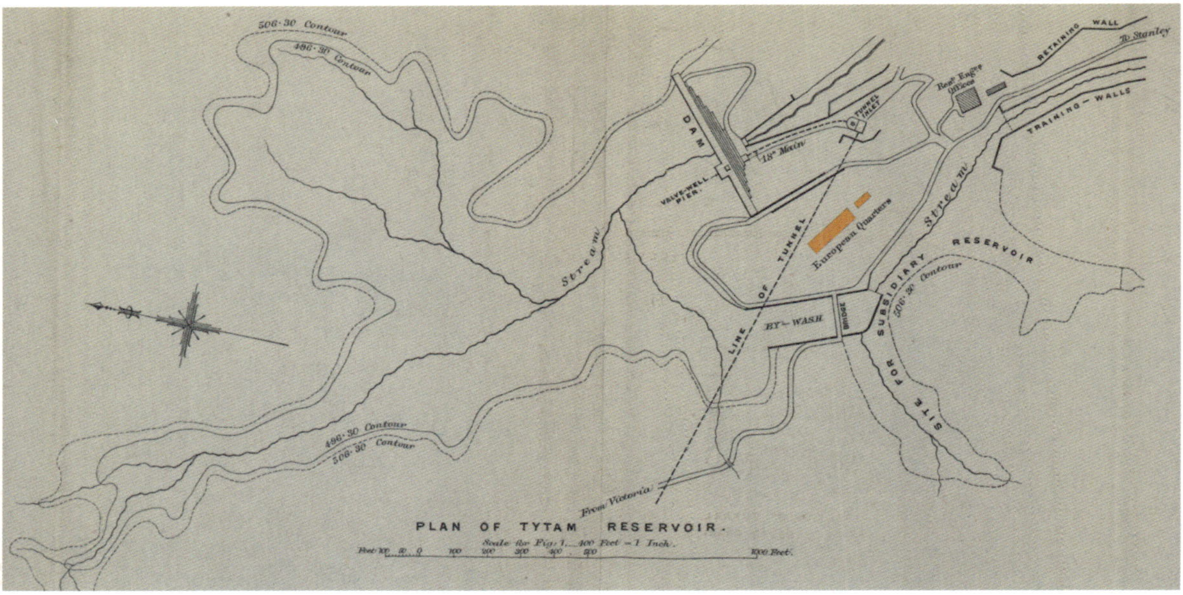

圖中標示橘色部分為上方圖片中的歐籍工程人員宿舍。
James Orange, "Tytam Water-works, Hong-Kong.", *Minutes of the Proceedings*, Vol. 100, Part 2, Session 1889-1890, pp. 246-276, ICE, UK.

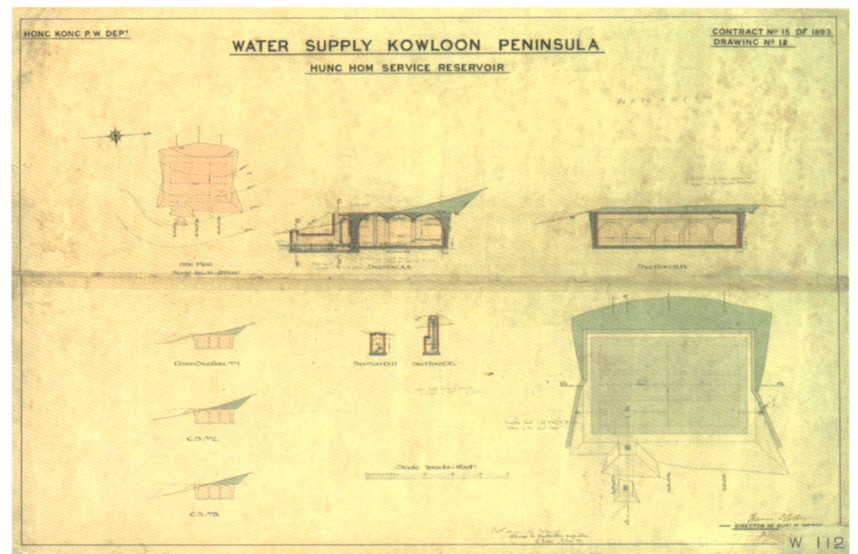

紅磡配水庫圖則，右下方為谷柏簽名，中下方為陳亞東簽名。（圖片由水務署提供）

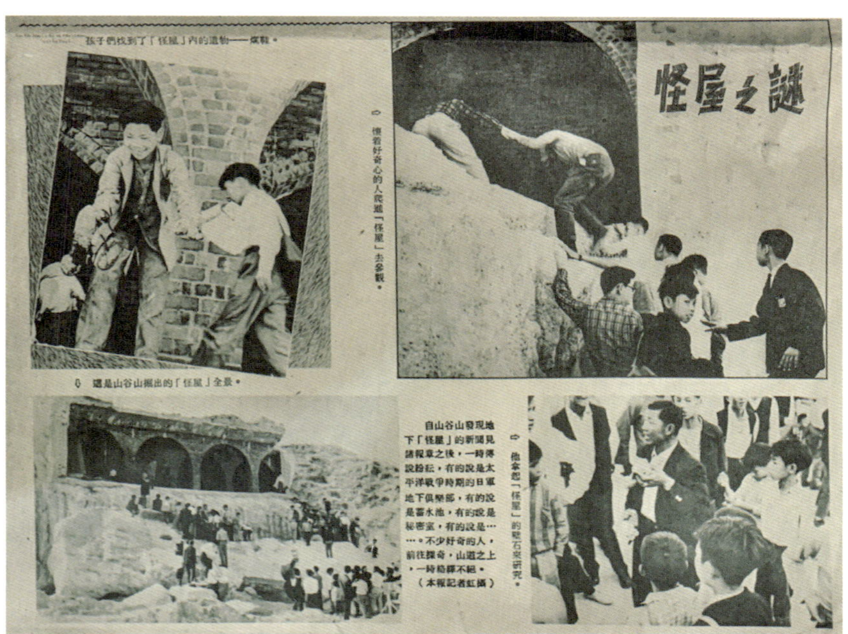

怪屋之謎

孩子們找到了「怪屋」內的遺物——煤鞋。

⇦ 懷着好奇心的人爬進「怪屋」去參觀。

⇩ 這是山谷山掘出的「怪屋」全景。

自山谷山發現地下「怪屋」的新聞見諸報章之後，一時傳說紛耘，有的說是太平洋戰爭時期的日軍地下俱樂部，有的說是蓄水池，有的說是秘密室，有的說是……。不少好奇的人，前往探奇，山道之上，一時絡繹不絕。（本報記者虹攝）

⇦ 他拿起「怪屋」的壁石來研究。

原位於現時何文田港鐵站的紅磡配水庫，當日因進行山谷道邨興建的工程，其外牆被破開，令水庫遺蹟重見天日。但因市民不認識配水庫結構，見其內部建築精美，而衍生出不同猜測，1962 年 3 月 1 日出版的《文匯畫報》更以「怪屋」來形容，成為當時的坊間話題。（圖片由曹文偉先生提供）

亦有極高要求，以致成本不菲。經參考承建商「陳亞東」過往完成的項目後，政府擬委託該公司來承建法院大樓，但陳亞東根本沒有入標，最後政府與其磋商，才勉為其難地接下工程。[2] 大葛樓在 1903 年 11 月 12 日由港督卜力爵士（Sir Henry Blake, 1898-1903 在任）奠基，可惜陳亞東在 1904 年 11 月 8 日離世，享年 58 歲。公司業務遂由他兩位兒子繼承，大葛樓亦成為其子之傑作。同年，灣仔摩理臣山道附近一條新街道即命名為「陳東里」，相信正是為了紀念他。鑑於當時摩理臣山道兩旁的歐式建築，多數為陳亞東家族擁有，所以選該處的新街道來紀念陳亞東，亦不無道理。縱觀香港開埠初期，用華人承建商的名字為街道命名，情況非常罕有，實屬莫大榮耀。

比起未能完成大葛樓，更遺憾的是「陳亞東」這間公司自此不再參與水務工程建設，且留下的資料未有記載這突變原因。反而在這十多年的資料蒐集中，陸陸續續找到更多有關陳亞東家族的事，或許能為這個謎團找到答案。

THE LATE CHAN A TONG.

The body of the late Mr. Chan A Tong, whose death notice appeared in our last issue, was buried yesterday afternoon. Many friends were present at the funeral. Mr Chan A Tong has been the leading contractor in the Colony for many years. It was he who contracted to build the Tytam Rese voir, one of the greatest undertakings in the Colony. He contracted with Messrs. Panchard and Lowther regarding the Naval Yard extension; built Central Market; and contracted for the new Post Office and the new Law Courts. At one time he was reputed to be a very wealthy man, but subsequently it is said he lost large sums of money in shipping business. He was a quarry farmer for many years, supplying a very great part of the granite used for public works. He was 59 years of age.

陳亞東死訊（《孖剌西報》1904 年 11 月 10 日）

位於灣仔的陳東里

陳亞東本人名為陳東，正名陳曉園，文獻及圖則上常見 Chan a Tong 簽名或單字 Chanatong。早期的華人以單字為名，大多會在姓氏與名字間，加上「亞」或「阿」字，作稱呼之用，所以陳東自稱「陳亞東」。在一份 1892 年 7 月 13 日簽署、關於中央街市工程保證金的文件內，或因承建商 Chan a Tong 當年財力並未壯大的緣故，港督同意將原先的工程一萬元保證金，改由名叫鄭光雄的士紳持有的一塊土地作抵押，文件上中央街市承建商 Chan a Tong 的簽名為陳東本人，並以「陳亞東」中文式樣簽字。

陳亞東本人有兩子一女及一繼子：長子錫齡，又名永祺，英文名叫 Peter Chanatong；次子吉初，又名永祥、乃棠，英文名叫 Joseph Vincent Chanatong；女名蕙芳，繼子名永芳。「陳亞東」這間公司除經營建築業務

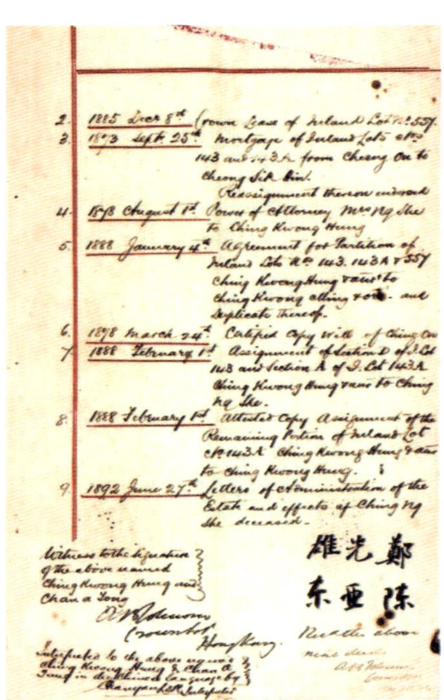
2. 1885 Decr 8th Crown Lease of Inland Lot No. 557
3. 1873 Sept. 25th Mortgage of Inland Lots Nos 143 and 143A from Cheong On to Cheong Sik Kin.
Reassignment thereon endorsed
4. 1878 August 1st Power of Attorney Mrs Ng She to Ching Kwong Hung
5. 1888 January 4th Agreement for Partition of Inland Lots No. 143. 143A & 557 Ching Kwong Hung & ano to Ching Kwong Ching & ors and duplicate thereof.
6. 1878 March 24th Certified Copy Will of Ching On
7. 1888 February 1st Assignment of Section D of I. Lot 143 and Section A of I. Lot 143A Ching Kwong Hung & ano to Ching Ng She.
8. 1888 February 1st Attested Copy Assignment of the Remaining Portion of Inland Lot No. 143A Ching Kwong Hung & ano to Ching Kwong Hung.
9. 1892 June 27th Letters of Administration of the Estate and effects of Ching Ng She deceased.

Witness to the signature of the above named Ching Kwong Hung and Chan a Tong
鄭光雄
陳亞东

陳亞東親筆簽署的中央街市工程保證金文件
（圖片由水務署提供）

外，還在 1897 年投得鯉魚門凹石礦，又營銷當時聞名亞洲的「雙龍牌」花露水，並涉足其他出入口生意，另設有新式磚廠及在廣西有礦產業務，業務相當多元化。大哥錫齡的教育背景不詳，反而次子吉初畢業於香港聖若瑟書院，出身英文中學，並曾在 French missionaries 短暫擔任工務監督（clerk of works），及後與兄長一起繼承父親的建築業務。

1895 年，「陳亞東」公司興建油麻地供水系統時，紅磡配水庫及油麻地各張水井的圖則中，在承建商一欄上，有 Chan a Tong 的英文簽名，卻與以往陳東本人簽名式樣不符。雖則陳東當時仍然在世，而吉初深諳英語，相信上述圖則都是吉初與時任外籍工程師傑斯溝通下所簽署的。後來 1898 年興建的黃泥涌水塘，其圖則上仍有 Chan a Tong 的簽名。由陳亞東本人負責建造的黃泥涌水壩及水掣房石料用工考究，原圖顯示的水掣房雙尖頂及裝飾石簷極其華麗，目前已改為一平面混凝土屋頂。市民遊覽水塘時未能欣賞這項絕美的建築，只能從舊照片中一睹其昔日輝煌。

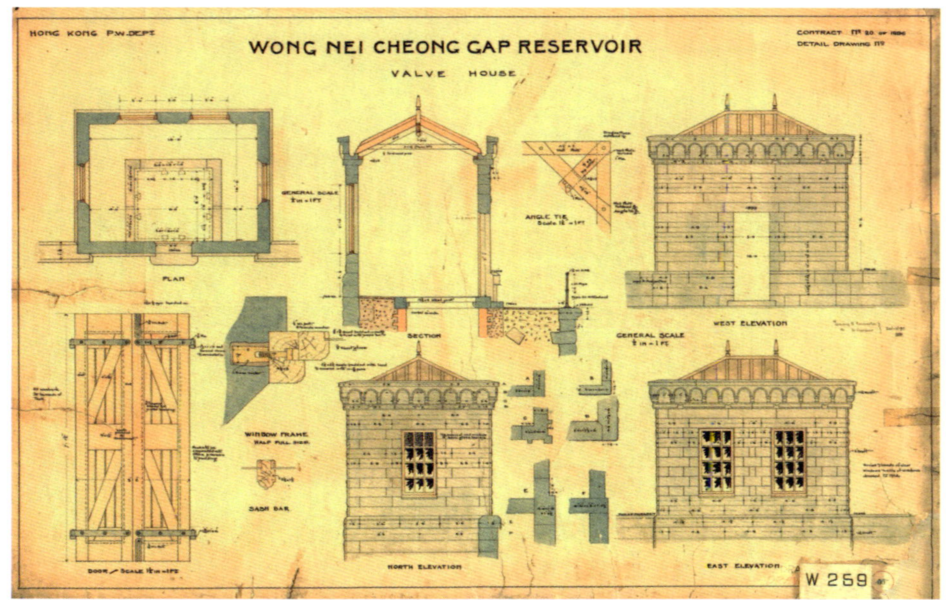

黃泥涌水塘圖則（圖片由水務署提供）

水掣房原來的雙尖頂及裝飾石簷（圖片由劉立人先生提供）

黃泥涌水塘完工後幾年，政府隨即籌建大葛樓。陳亞東本人離世後，兩名兒子以其別名「永祺」及「永祥」，組成「永祺祥」建築公司（英文名稱沿用 Chanatong），繼續承接樓宇建造及其他建築工程。

永記	屠行	Wing Kee, Butcher.............8 Sheung Wan Old Market
榮記	茶居	Wing Kee, Lunches and Refreshments.......4 Tai Wong St.
永祺祥	**建造**	**Wing Ki Cheong, Contractors........4 Arsenal St., 1st Floor**
榮經	布疋	Wing King, Draper and Silk Goods...........78 Jervois St.
永蘭	煙絲	Wing Lan, Tobacco........................95 Wanchai St.

CONTRACTORS AND BUILDERS

Bailey & Co., Ltd., W. S.
Chanatong, 4 Arsenal St.
Lam Dore, 4 Gresson St. E.
Lam Woo, 62 Des Voeux Rd., Ctl.
Macdonald & Co., York Bldg.
Sang Lee & Co., 59 Des Voeux Rd., Ctl.
Shewan, Tomes & Co., St. George's Bldg.
Warren & Co., C. E., 30 Des Voeux Rd.

1913 年的萬國寄信便覽（上）和 1917 年的 *Rosenstock's Gazetteer and Commercial Directory of China*（下）可見，當時陳氏兄弟是以永祺祥及 Chanatong / Wing Ki Cheong 作為中英文商號，登記地址為軍器廠街四號。

陳亞東及其後人全為虔誠的天主教徒，他去世前仍惦念著捐款 25 元給聖保祿女修會（現稱沙爾德聖保祿女修會），在銅鑼灣興建兒童院院舍 Asile de la Sainte Enfance。聖保祿女修會在 1928 年籌建聖保祿修院（現為一級歷史建築基督君王小堂），便由陳吉初負責設計，不收分文。3 該教堂平面為長十字形，相交之處建有圓拱頂，外圍立面由科林斯式（Corinthian）圓石柱包圍，相較也是由他一手興建的高等法院，石柱採用愛奧尼亞式（Ionic），凸顯其設計更為精緻華美。正面大門及兩面側門上有宏偉的三角楣飾，盡顯古樸典雅的風格。教堂建於 1930 年代，剛好在爆發全球經濟大蕭條前落成，才能保有其華麗的面貌，實屬難得。

虔誠的陳吉初再接再厲，在 1932 年負責設計天主教會在太子道西及窩打老道交界的聖德肋撒堂。[4] 根據香港皇家亞洲學會2018年一份學報資料，教堂最初由外籍著名建築師負責，陳吉初為興建教堂委員會一員，他提出為教會設計教堂，又有設計聖保祿修院的珠玉在前，加上免去設計費用，這個方案在當時的經濟環境而言，是個不錯的選擇。然而吉初並非獲授權建築師，所簽署的圖則不能交予工務司署審批，最終在採取多項保障建築設計安全的措施之下，圖則由原先的建築師簽署，因此，陳吉初 Joseph Vincent Chanatong 的名字，始終沒有鐫刻在教堂的奠基石上，這成為他興建聖德肋撒堂之憾事。

陳亞東家族各人身後均安葬在跑馬地天主教墳場，陳東伉儷和大兒子等人碑石一行並列，而深愛歐式建築及教堂設計的吉初，身後未立有遺囑，唯一的養女由其姊作為監護人，最終以「陳吉初」的名字，在沒有立碑人的情況下，獨立安葬在墳場另一段落內，可惜也沒有加入其英文名稱的緣故，導致水務歷史愛好者及天主教教友不知道長眠此處的陳吉初，就是他們熟悉的 Joesph Vincent Chanatong。[5] 在原始資料中，單看這個英文名，可能誤會成一位外國人，若非細心查考，很難知曉他就是土生土長的華人陳吉初。正因為沒有英文名的對照，他生前盡心事奉的教會，也沒有稽考他的中文名

陳吉初的龕位碑石

稱，令這名字幾乎要失落在墳場之中。

另一方面，陳亞東家族作為虔誠的天主教徒，與篤信天主教的香港葡裔人士交情匪淺。陳亞東元配夫人 Agnes Chan 在 1936 年去世時，居港葡裔望族羅郎也（Noronha）家族代表也有出席喪禮，其孫陳善慶亦與葡裔仕女 Marie Hyndman 結為夫婦。到 1960 年代，曾孫女陳鳳儀結婚，傳媒亦有報道。但此後有關這個家族的消息，已難以追查。

殷商廖燊作新翁
長公子澤柏乘龍

本港殷商廖芳屏之文孫，即廖燊之長公子澤柏，於本月十日與已故殷商陳善慶之女公子鳳儀小姐，在香港聖瑪加利大教堂舉行結婚典禮，是晚假座九龍瓊華大酒樓款宴親友，筵開百席，盛況空前。

廖燊君現任洪合棧木植廠總經理，港九藝術雕刻傢俬樟木植商會副監事長，為本港樟木傢俬經商鉅子。新郎澤柏年青有為，畢業於聖士提反中學，現任職香港渣打銀行會計部；新娘鳳儀小姐，畢業於香港聖保祿英文中學，及聖羅撒商科學院，現服務於美國天主教福利會孤兒院，一對新人，珠聯璧合。

（廖澤柏陳鳳儀新婚儷影）

陳亞東曾孫女結婚時的傳媒報道（《華僑日報》1963 年 5 月 11 日）

這一著名承建商曾經涉足早期水務建築，在 20 世紀初亦忽然絕跡於水務工程，將現今大量水務法定古蹟的建造地位拱手相讓，代之而起的有曾瓊記的曾瓊、乾安的余富、同盛的吳子楚（1869- 日佔期間）吳子美（1881-1939）兄弟、裕利及永利的譚肇康（1875-1961）和伍華（1874-1950）等當代華人承建商。反觀陳亞東的後人，相比於水務工程，更多從事貿易、建材及礦產生意，並醉心於西式樓房及教堂建造。

陳亞東家族業務方向轉變的原因，就此作出以下臆測：也許是創辦人陳亞東發跡於大潭水塘的建造，但在他 1904 年離世之後，其兩位兒子對興建水壩水庫不感興趣；也許陳亞東在 1900 年代初曾數次因採石事件而對簿公堂，後來更丟失了石塘的開採權，由曾瓊記一家幾乎獨攬之下，建造水壩上優勢不再；也許當時摩理臣山道兩旁的西式樓宇，曾為陳亞東家族帶來巨大財富，再涉足興建水務工程賺取利潤，不及義務設計教堂來得更有價值……這些推測相信難以證實，期望有朝一日，陳亞東的後人可以親自解開這些謎團。

有誰又會聯想到古樸的大潭和黃泥涌供水系統，跟莊嚴典雅的終審法院大樓及兩座教堂，都是出自同一家族之手？也許，這就是陳亞東家族最神秘的地方，亦留給港人一份獨有的歷史文物。

曾瓊的「爛尾」水塘工程

九龍水塘是政府寄予厚望的水務系統，當時交給業內知名、處理過無數龐大政府工程的「曾瓊記」承建，應該不負所望。但世事往往出人意表，有誰會料到這個由當年的業界龍頭主理、花了八年時間建造的水塘，工程卻以「爛尾」收場，成為政府基建史上其中一個矚目的水務工程事故。

曾瓊生於廣東長樂，45 歲時來港，從事建築工程，其開設的曾瓊記活躍於 19 世紀末至 20 世紀初，是其中一家香港政府工程的主要承建商。該公司全盛時期僱用多達 5,000 名員工，其承接過的工程包括位於港島中環與上環一帶的海旁填海計劃、堅尼地城填海、港島半山道路、中環街市、國家醫院員工宿舍、九龍梳士巴利道、皇后大道雨水渠及船政廳碼頭（即海事處總部大樓）等，經辦的水務工程亦有九龍水塘。6 換句話說，香港早期主要的基建工程大多成為曾瓊記囊中之物。

昔日政府批出基建工程時，除了考慮標價，也著重承辦商的信譽和往績。標書文件對工程的要求也相當仔細，例如在中環街市（後稱第三代中環街市）的重建工程上，政府向曾瓊記批出一份「新中環街市」地基及護土牆合約，更清楚表示工程需要利用 585 條硬木打樁。7

不過應付這些技術問題，曾瓊記已駕輕就熟。政府的工程合約，就如雪花般落入它的口袋；1893 年剛收到中環街市的合約不久，曾瓊記便在同年 11 月 15 日獲得西營盤國家醫院（Government Civil Hospital）員工宿舍的建造合約，價值 42,500 元。8

在上述兩項工程批出後不久，政府於 1889 年 2 月展開海旁填海計劃，範圍覆蓋現今的上環及中環位置。雖然曾瓊記又大有收穫，是次工程推展卻不太順利，以 1892 年 2 月批出的第 18 號合約為例，項目包括建造海堤頂部、雨水渠、填土及道路和行人路等，工程進度滯後，據 1895 年的報告顯示，曾瓊記施工進度比原來計劃落後了 72 日，「還有大量工作需要做」。不過該公司在 1894 年，仍「冷手執個熱煎堆」，承接了一項「爛尾」工程。事情源於當年鼠疫為患，皇后大道與正街的雨水渠工程受到阻延，滯後長達 15 個月。原有承建商因為合約虧本而在當年 2 月潛逃，政府唯有把工程改判給曾瓊記，直至 6 月 2 日便已竣工。9

至於曾瓊記本身也受鼠疫所累，工人和貨船均為短缺，使它在 1894 年 4 月 11 日取得的第 20 號海堤地基石牆合約，在當年 3 至 8 月期間，工程幾乎零進度。即使部分工程延誤，亦無礙政府對它的信任。1898 年，他又獲批覆蓋當時的南北行碼頭（三角碼頭）至船政廳（即現時的海事處，其時設於上環東來里）一段填海工程合約，由於該段填海區初步完成後出現嚴重沉降，政府須委託曾瓊記修補沉降地段，其中涉及 257 呎路面，以及 6,000 立方碼的填料。10 工程初期遇上一些阻礙，投標者的合約費用叫價頗高，當局不可能輕易讓步，最終還是與曾瓊記達成「很滿意」的合約，而曾瓊記工程進度亦良好，至當年的年底，進度已完成 27%。

與其說政府對曾瓊記完全信任，不如說成依賴還更為恰當，相信與該公司坐擁大量石礦場的開採權不無關係。例如在 1889 年，由曾瓊記承建的第 51 號合約同年已經完成，但合約以外的路面平整工程出現「不合理的延誤」，因為當時缺乏工人，且難以取得物料所致。政府需要與曾瓊記另訂協議，直至完成有關工程。值得注意的是，報告同時指出，曾瓊記當時取得了一個石礦場的 1901 年開採權，基於此背景下，政府相信工程不會再度延誤。11

耗資逾 336 萬元的海旁填海工程終於在 1903 年大致完成，但曾瓊記在 1902 年又染指了維多利亞港對岸的另一項重大基建工程：九龍重力自流供水系統。

九龍重力自流供水計劃工程跨越九年光景，政府先後批出了九份合約，曾瓊記佔了兩份，包括水塘及看守員宿舍建造工程，合約價值分別為622,499.48元及18,478.24元。整個供水計劃造價原本估價為38萬元，後來因為水塘設計容量由1.2億加侖增至3.1億加侖，水塘工程成本也大大提升。

看守員宿舍工程在1904年已完成，監督人員開始入住。建築物位於距離大埔道不足100呎處，方便工程人員觀望水塘主壩和溢洪壩。宿舍設有五間房間、兩間浴室，周邊設置遊廊。除了看守員，任何有需要住宿的官員均可使用。

至於主壩的工程進度一直不符理想。九龍水塘的主壩是香港水塘罕見的弧形壩，頂部長600呎，高度112呎，壩身最厚的部分有72呎。主壩物料幾乎全是水泥混凝土，面向水塘的內側一邊為石砌飾面，外側為花崗岩石牆。由於水塘淹沒了原先連接城門及大埔的道路，主壩頂部需要建造一條九呎闊的道路，讓城門與大埔之間的交通得以保持連接。

主壩工程於1902年夏季展開，首先要挖開地基，但很快便遇上麻煩。當工人挖出23,500立方碼的泥土後，發現地基位置的岩石布滿斷層和已分解的花崗岩礦脈。工人需要挖走鬆散的泥土，再注入水泥混凝土加固地基。主壩的設計本來是直的，類似大潭水塘的主壩，但後來改成弧形，看來是為了遷就地基的複雜情況。[12] 負責九龍重力自流系統設計的工程師傑斯亦曾經指出，九龍水塘主壩呈弧形，並非為了增加堤壩的強度，而是遷就左右兩岸地形。[13]

主壩地基工程在1904年1月完成，堤壩的混凝土工程隨即展開，此後進度良好，一年內已完成31呎的高度，包括9,600立方碼的水泥混凝土、9,200立方呎的石面和100立方碼的石牆。但至1906年，主壩工程因承建商資金不足而再度受阻。

1906至1907年的工務司報告持續顯示，九龍重力自流供水系統進度良好，只有主壩工程較為落後。供水系統便在 1906 年 3 月 24 日已開始運作，每日提供 75,000 加侖食水。至同年的 12 月 24 日平安夜，整個系統（包括食水過濾設施）已正式啟用，取代了運作 11 年的地下水供應系統。直至 1909 年，政府卻決定換走曾瓊記，就主壩工程重新招標。報告指出，九龍水塘工程未能如期完成，因為承建商陷入財務困境，其工程自當年 3 月已停工，至 9 月 16 日一度復工，但很快又中止，當局於是正式終止與曾瓊記的合作關係，繼而重新招標。14 報告亦解釋，曾瓊記被撤換時，已建成的水壩高度仍比原來設計低八呎。15

1909 年 12 月，政府重新招標，翌年 1 月已批出合約，由一家名為

當九龍水塘水位下降時，可見到水壩有兩種不同的建造風格，水位對上較細密的砌石部分由曾瓊記建造。（蔡元貴攝）

Kang On（乾安）的承建商投得，至1910年12月1日完成，合約價值11,292.43元。據1911年的行政報告顯示，九龍重力自流供水系統在1910年供水逾3億加侖，平均每日84.2萬加侖，即每人每日獲得9.4加侖的食水。報告指全年供水穩定，政府化驗師化驗後也得出滿意的報告結果。

乾安雖然知名度不如曾瓊記，但這間承建商也曾參與大潭篤水塘的相關工程。大潭篤原水抽水站的高級員工宿舍在當年已完成基本工程，剩餘髹漆及內部裝置工序，包括鍋爐房、工場、士多房及煙囪等，當時負責此內部裝修工程的，就是乾安。此外，該抽水站的發動機操控工人和鍋爐工人等的華人員工宿舍工程合約也由乾安承判。16（連同1936年建成的第二號員工宿舍，大潭篤原水抽水站三間宿舍現時均已列為法定古蹟。）到1919年，乾安又獲得一份位於歌賦山的警官宿舍地基合約，可見這承判商亦是工務司署的常客。

九龍水塘主壩工程完成後，故事還有後續，政府委任了九廣鐵路首任總經理林賽（Lindsey）為仲裁官，處理工程「爛尾」所衍生的金錢糾紛，結果曾瓊獲判約35,000元賠償。不過，他同時被扣除779.79元，作為其於工程期間造成樹木和公路受損的賠償。17

九龍水塘主壩工程最少兩度因財政問題而延誤，情況令人費解。自1880年代起，曾瓊記已幾乎成為官方「御用」的承建商，理應不愁收入，即使不是巨富，也肯定是行內的中流砥柱。那個時代，石行東主會藉著對廟宇的捐獻顯示財力，從而提升個人的社會地位，加強人際網絡。在1884年，建造業工會廣悅堂創建魯班廟時，曾瓊便以個人名義捐獻建廟，是十名緣首之一，其名字在魯班廟內的碑文上仍清晰可見。18

不過，這些都是19世紀末的事。到20世紀初，情況似乎起了一點變化。

1890年代，石礦場是透過招標以供石行競投開採權，有跡象顯示投標者之間其實存在默契，從而造就了壟斷局面。由1886至1900年，除了

魯班廟於 1888 年建成，曾瓊記為倡議建廟者之一，廟內古鐘刻有「風調雨順，沐恩弟子曾瓊記敬送，北城侯先師案前。光緒十四年季秋吉旦，國泰民安，信昌爐造」銘文。（蔡元貴攝）

1897 年一次由陳亞東投得外，曾瓊記基本上已囊括港島和九龍的礦場牌照。

1880 年代，海旁填海計劃需要大量石材，工程分為七個地盤，批出接近 50 份工程合約，14 年內耗用了 989,908 立方碼混凝土。由香港大學房地產及建設系兼任教授潘新華博士及經常發表香港掌故研究的工程師馬冠堯合作的論文 "The History of Quarrying in Hong Kong 1840-1940" 指出，既然曾瓊記控制大多數石礦場，差不多取得所有填海合約也不難理解了。政府的開採花崗岩發牌制度是以礦場為單位，雖然港島與九龍的礦場為

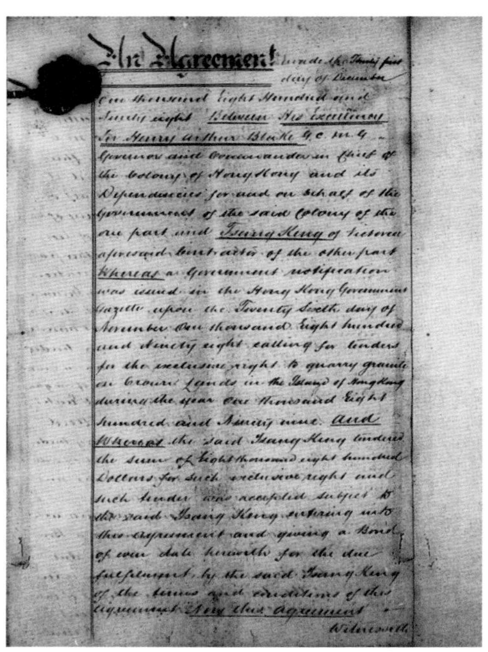

An Agreement made the Thirty first day of December One thousand Eight Hundred and Ninety eight Between His Excellency Sir Henry Arthur Blake G.C.M.G. Governor and Commander in Chief of the Colony of Hong Kong and its Dependencies for and on behalf of the Government of the said Colony of the one part and Tsang Kong of Victoria aforesaid Contractor of the other part Whereas a Government notification was issued in the Hong Kong Government Gazette upon the Twenty Sixth day of November One thousand Eight hundred and Ninety eight calling for tenders for the exclusive right to quarry granite on Crown Lands in the Island of Hongkong during the year One thousand Eight hundred and Ninety nine And Whereas the said Tsang Kong tendered the sum of Eight thousand eight hundred Dollars for such exclusive right and such tender was accepted subject to the said Tsang Kong entering into this Agreement and giving a Bond of even date herewith for the due fulfilment by the said Tsang Kong of the terms and conditions of this Agreement Now this Agreement Witnesseth

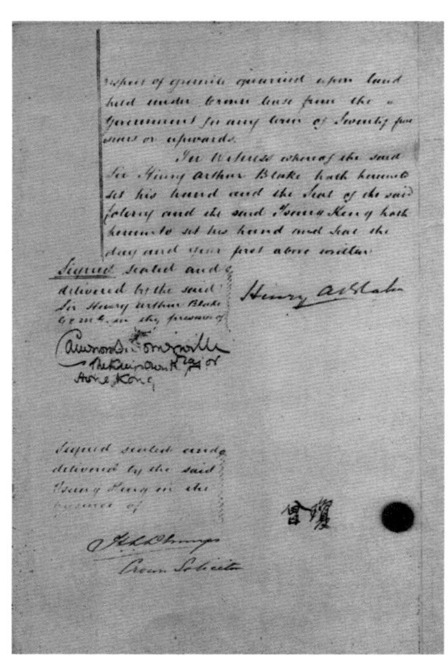

respect of granite quarried upon land held under Crown lease from the Government for any term of Twenty four years or upwards.

In Witness whereof the said Sir Henry Arthur Blake hath hereunto set his hand and the Seal of the said Colony and the said Tsang Kong hath hereunto set his hand and seal the day and year first above written

Signed Sealed and delivered by the said Sir Henry Arthur Blake G.C.M.G. in the presence of

Henry A Blake

Signed sealed and delivered by the said Tsang Kong in the presence of

曾瓊

Crown Solicitor

時任港督卜力爵士（Sir Henry Arthur Blake）於 1898 年與曾瓊簽訂的港島區採石協議，當時曾瓊差不多壟斷了港島的採石業。

分開招標，但結果往往由一家公司獨得多個牌照。從 1901 年的招標文件顯示，曾瓊記在港島的五個礦場當中投得兩個，以及九龍的七個礦場中投得四個。19 至 1902 年，政府改變發牌制度，新制度把不同礦場分成不同小區，政府亦保留權利，在有需要時可以發出任何數量的新礦場開採權，使商號更難壟斷。

會否就是因為石礦場開採權化整為零，分薄了曾瓊記的利潤來源和石材供應，導致其承建九龍水塘期間遇上財政困難？無論如何，曾瓊記不啻是香港一代石工老行尊，當我們漫遊於遮打道，或者在九龍水塘主壩散步時，不妨懷念一下曾經為我們的城市發展和食水供應奠下深厚基礎的「魯班弟子」。

建造大潭篤水塘的林蔭泉和譚肇康

坐落大潭篤水塘水壩盡頭的紀念碑，無論步行或乘車經過都會跟它打個照面。碑上銘文除了最顯著的第 15 任港督梅含理爵士（Sir Henry May, 1912-1918 在任）的名字之外，石碑左、右下角還分別刻有工程師謝斐（Daniel Jaffe）和承建商生利建築公司（Sang Lee & Co.）的名字。時下香港人恐怕鮮有認識「生利」這個老字號，但當年能夠動員數百工人、獨力承擔移山填海與千呎巨壩等浩大工程的建造商，就只此一家。

大潭篤水塘於 1912 年動工，1917 年完成。未有城門水塘之前，其水壩是當年亞洲最大的水壩，其工程規模之浩大可想而知。大潭篤水壩屬於石面混凝土重力壩，築有裝飾護牆及應付溢流的 12 條大型溢洪道。溢洪道之上築有由半圓形花崗岩柱支撐的 12 個拱券，以承托連接赤柱及大潭與柴灣及石澳的繁忙道路，也是一條可以看到水塘如畫風光的道路。

按工程師謝斐的原意，大潭篤水塘僅容納 12 億加侖食水，水壩興建費用預算為 244.5 萬元，連同抽水站及道路等相關工程，總預算為 3,312,300 元。但同為工程師的工務委員會主席漆咸（William Chatham, 1859-1940）把設計改為可容納 15 億加侖食水（建成後實質容量為 14.2 億加侖），水壩預算則縮減至 164.2 萬元，整體預算降至 201.7 萬元。[20]

其後政府決定在大潭篤村毗鄰位置建設水壩，連同抽水站、臨時道路及水管等工程，一併在 1912 年 10 月 24 日批給生利。同年年底，可容納 400 名工人的宿舍已在工地附近迅速建成，工程在同年 12 月 7 日亦正式展開。水壩所用的石材取自附近的土地灣，水塘所用的鑄鐵喉管則是來自英國。而敷設喉管合約，及另外兩份建造抽水坑和抽水機的混凝土基座合約，皆由生利於 1914 年奪得。[21]

雖然大潭篤水塘在 1917 年才正式竣工，但於 10 月 22 日已開始供水，短短兩個多月已提供了 8,575 萬加侖食水。同年生利又多獲兩份合約，興建水塘新設的鍋爐基座、煙囪和擴建抽水站。[22] 至 1916 年，水潭篤水塘供水已多達 3.25 億加侖。回看 1901 年前，薄扶林、大潭及黃泥涌三個水塘的總容量只有 5.1 億加侖，除非雨量非常充沛，三個水塘的容量加起來，也不足以在 10 月至翌年 4 月的旱季維持穩定供水，可見大潭篤水塘是港島區供水的極重要里程。

1917 年完成的大潭篤水塘，計劃其實源自 15 年前，查維克最後一次訪港後於 1902 年撰寫的報告。當中他建議多項現代水務改善工程，包括開展一項全面發展大潭谷的計劃，在臨海位置多建一至兩個低海拔水塘，容量最少要有 4 億加侖。鑑於低海拔水塘不能沿用重力自流設計，查維克同時建議興建抽水站，每天泵水 125 萬加侖。

根據查維克的建議，政府先推行了大潭篤第一期計劃，在 1908 年完成大潭中水塘，提供近 2 億加侖的存水量。後來庫房枯竭，第二期計劃未能緊隨其後展開，等到 1912 年，計劃才得以落實。

大潭篤水塘水壩橫跨大潭溪谷，長 1,255 呎，高 170 呎，厚度底部為 115 至 117 呎不等。報告描述，大潭篤水塘特別在於深度，工程把河床深挖，至低於海平線以下。23 水壩頂部本身是行車道，闊 16 呎 6 吋，為當時環繞香港島幹道的一部分。車路下方是 12 個 20 呎闊的拱形溢洪口。無論從實用功能或建築美學上看，大潭篤水壩多功能的設計經歷過百年而不衰，始終教人驚嘆。

大潭篤水塘工程完竣不久，生利獲得一份金額更巨的工程合約。1920 年 5 月 4 日，遮打爵士（Sir Paul Chater, 1846-1926）倡議在現時的灣仔一帶填海，即港島第四期填海計劃（官方稱為海旁東填海計劃），工程預

剛建成的大潭篤水塘（圖片由劉立人先生提供）

算達 338.5 萬元，造地約 225 萬平方呎。翌年，生利再獲批出填海工程合約，合約價值 276.7 萬元，工程包括建造海堤、夷平摩理臣山、建造兩個鋼筋水泥公眾碼頭、建造雨水及污水排放系統、與日後摩理臣山發展相關的雜項工程。兩項填海工程的總價，在當年絕對是天文數字。

差不多負責整個大潭篤水塘興建工程的生利，其辦公室初期設於德輔道中 59 號，現址為中環中南行。當時全公司僱用了超過 60 位熟手工頭，以及超過 2,000 名工人，正是一家規模相當的建造商。生利的創辦人林蔭泉及在此任職的譚肇康，本身也是傳奇人物。

林蔭泉創立生利始末

生利建築公司在 1892 年成立，「開山祖師」林蔭泉曾經在工務司署工作多年，對競投政府工程的程序十分熟悉，很快便為生利爭取多份政府工程合約。首份重要合約是現已拆卸的總督山頂別墅修建工程，原有建築物因為白蟻侵蝕等問題已於 1897 年拆卸，時任港督卜力提出重建別墅，邀請巴馬丹拿（Palmer & Turner Group）重新設計及承建別墅。[24]

林蔭泉曾於 1932 至 1933 年度出任東華三院總理，也是保良局 1930 年新總部成立時期的總理之一。因為生利出資捐助興建中座大樓，保良局關帝廳現時仍然擺放了有生利在內的捐款人或捐款公司的瓷製肖像或商號，生利的瓷相上標明，當年該公司捐款 1,000 元。（圖片由林揭諦小姐提供）

總督山頂別墅重建工程於 1899 年 11 月批給生利，合約價值 97,715.69 元，工程需要削去部分山體，並興建護土牆。報告形容，這是山頂上最大而且最宏偉的建築物，工程至 1902 年 7 月完成。雖然別墅已經拆卸，但配合別墅而建的部分護土牆仍然保存至今，成為山頂公園涼亭的基座。25

縱觀政府 19 世紀末至 20 世紀初主要基建工程，生利的「作品」無處不在，往往在同一時間兼顧多於一項工程。這裡簡單臚列生利在填海及水壩以外承造過的部分建築項目：

合約批出日期	工程項目
1903 年 11 月	西環街市地面結構
1904 年 6 月	雅賓利沙濾池改建及維修
1906 年 8 月	郵政總局地面工程
1906 年 11 月	上環街市內部
1907 年 4 月	雅賓利沙濾池重建及擴建
1908 年 3 月	卜公碼頭混凝土上蓋
1912 年 6 月 5 日	國家醫院手術室
1912 年 9 月 2 日	庇理羅士女子中學擴建
1913 年 9 月	京士柏部屬人員宿舍平台、圍牆及護土牆
1915 年	域多利監獄新大堂、主大堂擴建及 E 座監獄
1916 年	域多利監獄多幢舊建築物拆卸

值得注意的是，1906 年展開的第三代郵政總局大樓工程在當年相當矚目，當時由丹尼遜．雷安及傑斯顧問公司設計，合約價值達 80 萬元，其大樓地面工程所用的石材，正是來自生利位於牛頭角的礦場。26 但論及生利登峰造極之作，要算是海旁東填海計劃，但這工程同時也把生利送上不歸之路。27 原有的生利建築公司，無奈要在 1928 年解散，填海工程還未完結，公司股東便把生意分配給三間公司，但三間公司均以「生利」命名，其中生利一號及二號分公司的辦公室都設在天樂里，而且由同一批股東經營。至於

FAR EASTERN REVIEW

COMMERCE • ENGINEERING • FINANCE

VOL. II. MANILA, P. I., JULY, 1905. No. 2.

NEW GOVERNMENT OFFICES OF HONGKONG COLONY

(Messrs. Denison, Ram & Gibbs, Architects.)

FRONT ELEVATION OF NEW GOVERNMENT OFFICES, PEDDER-ST, HONGKONG

(Continued on page 3.)

被譽為香港最漂亮建築物的第三代郵政總局（*Far Eastern Review* 1905 年 7 月）

第三間公司則在譚臣道設辦公室，由不同股東經營。28

林蔭泉的兒子林日權是第二分公司的合夥人，林蔭泉則另設一間名為「東山建築」的公司，似有「再起」之意，不過很快又遇上大時代來臨。1939 年，政府原擬在馬己仙峽建造新總督府，代替日漸殘舊的上亞厘畢道總督府，同年 8 月 17 日向東山批出前期合約，價值 324,601 元。工程包括削土、建造花崗岩護土牆、打地基，並在摩理臣山興建臨時木屋給工人住宿。但適逢第二次世界大戰爆發，政府在 9 月 8 日決定取消合約，那時木屋已經建成，當局接收後改作其他用途，而搬遷港督府計劃從此擱置，如今改稱為禮賓府的香港最高行政首長府第，仍留在原址不變。

東山在戰後依然持續營運，辦公室則搬至活道，至 1950 年代後，主要股東是林翠嬌。生利亦由 1930 年代起，主要股權已落入其他人手中，但地位依然，承接工程包括港交所、啟德機場及灣仔峽警署（現為警隊博物館）等等，此處不贅。

然而，縱使生利在昔日何等叱吒風雲，在後期也風光不再，最後在 2006 年成為歷史。

譚肇康傳奇一生

相比起林蔭泉，他在生利的拍檔譚肇康的事蹟更為傳奇。譚肇康生於 1875 年，是新會上淩人，15 歲來港謀生，畢業於聖保羅書院，再於大連攻讀建築工程，曾在大連船塢當工程師，並於大連工務局及天津馬廠工務局出任監工。

1908 年，譚肇康回港先後擔任工務司署繪圖員兼外勤監工，以及生利建築公司的監工兼英文書記。由於他技術精湛，在 1910 年決定自立門戶，獨資創辦「永利建造公司」，業務大有作為。他亦陸續跟當時知名的建築商伍華和林護（1871-1933）合作，創辦裕利建造公司和聯益建造公司，承建大量香港以至廣東省的工程。

永利承建過的工程包括香港仔填海、北角填海、薄扶林抽水站及跑馬地政府職員宿舍等，裕利承建過的工程包括大潭篤水塘集水系統、城門水塘及花園配水庫，而聯益承建過的工程則包括城門水塘、大欖涌水塘，以及油麻地和荷李活道警察宿舍等。29

但譚肇康更為後人熟知的，是他曾經加入革命組織同盟會。譚肇康深受孫中山（1866-1925）革命言行感召，於 1906 年加入同盟會香港分會。由 1906 至 1911 年間，他與楊西岩（1868-1929）、林護和余斌臣等人獲孫中山委任為香港籌委局委員，負責籌募起義軍餉和內勤工作。辛亥革命成功後，譚肇康獲廣東革命政府委任為「財政名譽員」及參議員。至中華民國成立後，他再獲民國政府頒授一等第一級勳章。

1911 年 4 月 27 日，黃花崗起義失敗後，革命黨人的屍體無人敢去收殮，譚肇康和林護等人卻親往廣州，出錢出力，與潘達微（1881-1929）

一道爭取清廷的特准，收殮遺骸 72 具，合葬廣州東郊黃花崗，即現於越秀區的黃花崗七十二烈士墓。

同年，包括譚肇康和林蔭泉在內的 17 位承建商創立「建造行聯益研究社」，適逢辛亥革命爆發，「聯益」有維護同業權益之意，並負起聯繫政府、建造商與建造業工人橋樑的角色。1920 年，研究社正式註冊，改名為「香港建造商會」，初期會址坐落於中環德輔道中 78 號（現址為集友銀行大廈），生利的會員註冊編號就是一號，可見其江湖地位。而商會在其後發生的省港大罷工中，亦擔任了調停者的角色。

跟林蔭泉一樣，譚肇康也曾獲選為東華三院總理，又曾出任保良局總理。他畢生對香港的基建貢獻良多，為本地建築界的一代傳奇。最後於 1961 年，因腸癌在養和醫院與世長辭，享年 86 歲。

不少早年發跡的香港華人建築商，甚少留下詳盡的生平記錄，要尋找他們的資料殊不容易，譚肇康卻是例外。他的後人把其家族故事製成網頁，除了記下譚氏的一生事蹟和家族發展，亦載有不少和早年香港建造業發展有關的珍貴資料，填補了近代本地建築業發展的空白，對研究香港近代歷史具高度的參考價值。

留下水務瑰寶的吳子美、吳子楚

2020 年底因計劃拆卸而曝光的前深水埗配水庫，在水務署安排下，幾乎每日都有數以百計海內外人士前往參觀，昔日只有石硤尾一帶村民熟知的秘境，已神秘不再。築起這個精巧水務設施的人，原來是系出衙前圍的吳氏兄弟。吳弟子楚後來遷入沙田，並成為享負盛名的慈善家，其故居「吳園」屹立百年，至今仍保存完好。

傑斯當年規劃九龍供水系統時，考慮到水源由幾公里外的針山送至九龍中，必須有一個可靠的設施進行配水，才能對該處大範圍的居民平穩供水。他考察過九龍塘一帶的地理環境後，選定了一個小山丘來裝設具調壓功能的配水庫。該建議經過查維克審視後，工程正式展開，政府於 1902 年 12 月招標，邀請承建商興建前深水埗配水庫（時稱「九龍塘配水庫」），[30] 結果由同盛建築公司於 1903 年 2 月奪得合約。

配水庫以圓形設計，幾乎整個嵌落於地平面之下，基本上由混凝土建成，並以花崗岩柱及磚砌拱券支撐混凝土拱頂，庫容量達 200 萬加侖。[31] 至 1903 年底，半數磚砌拱券已完成。工程合約要求配水庫在 1904 年 6 月 30 日前竣工，但為了鼓勵承建商加快進度，以便在雨季來臨前啟用設施，若能提早交貨，承建商可獲額外花紅，不過獎勵措施未能帶來理想效果。結果，前深水埗配水庫在 1904 年 8 月 10 日竣工，前後花了約 18 個月，耗資港幣 67,639.31 元。由投入使用至 1950 年代，官方紀錄一直以「九龍塘配水庫」或「九龍塘調節缸」（Kowloon Tong Balance Tank）稱呼此建築物（配水庫與調節缸的功能詳見本書第三章之〈古蹟配水庫群像〉）。

同盛建築公司是由吳子楚及吳子美兩兄弟創立，公司地址位於西營盤高街，承接港島區多項建築工程。前深水埗配水庫完工時，吳子美年僅23歲。據其後人表示，32 他甚少向家人提及此項工程，而他最引以為傲的，是興建荃灣青山公路。相對而言，配水庫僅是一項小工程，是以配水庫重見天日時，得知是吳氏所建後，家族後人也甚為驚奇。

吳子美系出衙前圍村吳氏，根據吳子美兒子吳詠棠編纂的《寶安縣衙前圍吳氏族譜》記載，吳子美幼時家貧，餘暇時替人牧牛，掙得零錢後買些肉孝敬母親。後來得兄長吳子楚的幫助，入讀皇仁書院，其後修讀建築。畢業後，吳氏兄弟共同創立同盛建築公司，承建政府工程。族譜形容，吳子美「兼營航運業，極一時之盛」。

吳子美發跡後熱心公益，他曾經捐助興建沙田排頭村診所，又在貧窮家庭成員離世時，向其家屬免費提供棺材安葬。在霍亂肆虐時，他就斥資製藥送給公眾；在天寒的季節，又親自深入鄉村派發棉襖，族譜形容他「不謀名

吳氏兄弟曾與其他承建商致力保存魯班廟，並立碑為記。（蔡元貴攝）

利，自奉亦甚薄」。

47 歲（1928 年）那年，他移居沙田，是四兄弟中首位遷往沙田之人，原因相信與風水環境有關。位於沙田大涌橋路的三級歷史建築吳園，便是吳子美親自興建並落戶的故居。吳園樓高兩層，建於 1920 年代，大宅以鋼筋水泥建造，基座使用了花崗岩，入口拱形門廊採用了多立克柱式設計（Doric orders），天台設有女兒牆，頂部有三角楣飾。大宅內部地板花紋華麗，設有火爐。樓上與樓下以一堂樓梯接駁，主人房及客廳設於大宅前方，廚房和洗手間便在兩側。

吳園已被收購，外人只能在遠處觀看其建築格局。

歲晚遷居沙田大涌橋畔新建吳園　淑配張氏生于光緒十四年
戊子歲五月廿一日辰時卒於民国八年己未歲十一月初七日巳
時陽壽三十二歲旋于民国九年庚申歲九月辛未日卯時初二刻
五分即五点四個字卜葬小瀝源村後形成飛鳳哈書坐卯乙向酉
辛成卦五爻　繼室陳氏生于光緒四年甲辰歲十月廿日　時
卒于民国廿八年歲次己卯九月[illegible]日[illegible]時陽壽五十九歲
妾梁氏生于光緒卅年甲辰歲三月廿九日　時

子齡字英琪乳名[illegible]是樹良公五子出祀為樹勲公繼子生于光緒甲申
歲十年十月初一日申時　淑配李氏生于光緒十一年乙酉歲七月
十九日　時　妾張氏生于光緒十六年庚寅歲五月念六日戌時
陳氏生于光緒廿四年戊戌歲十二月初八日亥時　王氏生于光緒
卅年歲次乙巳　五月十七日巳時張氏生于光緒念一年乙未歲二
月廿八日辰時黃氏生于光緒　九月廿三日　時
[illegible]公卒于民国卅一年　月　日　時陽壽五十九歲
1942.

《吳氏家乘》中提及吳子美晚年遷入沙田吳園

吳子美長袖善舞，累積大量財富，除了沙田，在火炭亦購下大幅土地。吳子美先後娶過三名妻子，育有 15 名子女，包括 6 名兒子，但他們並非同時期居於吳園，但家族全盛時期多達 19 人住在其中。

吳子美在 1939 年去世，得年 58 歲，葬於沙田圓洲角山之南。元配張氏比他早走 20 年，離世時年僅 31 歲，起初葬於小瀝源村後，至 1983 年政府收地發展沙田新市鎮，所以將墓穴遷至黃泥頭村南方的山上。

1940 年代末至 1970 年代，沙田曾經設有一個小型軍用機場，位於吳園附近。據指國共內戰期間，英軍增派軍隊來港，不僅增建機場，更在吳園門前安裝兩支大炮。後來在日佔時期，吳園和附近的沙田警署（現時為靈基營）均曾被日軍佔據，戰後恢復為私人住宅。有沙田老街坊指出，大約於

1970 年代，吳氏族人已遷出吳園，大屋租予其他家庭，但很快便空置，至 1994 年賣給私人發展商後，不對外開放。

關於吳子美還有一則逸事，雖然他在日軍入侵香港前已仙逝，當時僅有一幀傳世的個人照片，原本是穿西裝留影，但其遺孀恐怕他穿著西裝的遺照會惹怒日軍，於是找人「P 圖」，畫上清朝常見的瓜皮帽，又以唐裝衫遮蓋西裝。也許，歷史本身就是因人而異的作業。

吳子美像（圖片由吳漢雄先生提供）

註釋

1 英語的法院一詞「court」與粵語的「葛」發音相近，故最高法院大樓昔日被華人俗稱為「大葛樓」。

2 1903 年工務司報告，頁 295。

3 基督君王小堂，年份不詳，(http://www.srspc.org.hk/tc/christ_the_king_chapel.php), accessed on 20 September 2024。

4 教堂原來構思以中式設計，但受到當地聚居的葡裔人士反對，才改回西式設計。

5 如今聖保祿修院在介紹基督君王小堂時，是以「陳亞同」來譯寫 Joesph V. Chanatong。

6 1887 至 1910 年工務司報告。

7 早年建築採用木或石作為樁柱物料。

8 1890 年工務司報告。

9 1894 年工務司報告。

10 1898 年工務司報告。

11 1900 年工務司報告。

12 Tymon Mellor, "Hong Kong Water Supply - Kowloon Reservoir", Industrial History of Hong Kong Group, 7 January 2023 (https://industrialhistoryhk.org/hong-kong-water-supply-kowloon-reservoir/), accessed on 16 August 2024.

13 Lawrence Gibbs, "Kowloon Waterworks. Early History", *The Hong Kong Naturalist*, Vol.2 No.1, February 1931.

14 1909 年工務司報告。

15 同注 9。

16 1906 年工務司報告。

17 1911 年工務司報告。

18 何佩然：《班門子弟：香港三行工人與工會》，三聯書店（香港）有限公司，2018 年，頁 59-60。

19 謝斐於 1905 年 2 月 6 日提交的報告。

20 同注 19。

21 1912 年工務司報告。

22 1915 年工務司報告。

23 1917 年工務司報告。

24 York Lo, "Sang Lee & Co - Leading contractor from the 1900s to 1950s", The Industrial History of Hong Kong Group, 6 July 2020 (https://industrialhistoryhk.org/sang-lee-co-%e7%94%9f%e5%88%a9%e5%bb%ba%e7%af%89-leading-contractor-from-the-1900s-to-1950s/), accessed on 26 August 2024.

25 古物古蹟辦事處：《前總督山頂別墅考古工作報告》，2012 年 1 月。

26 作者按：第三代郵政總局大樓工程在 1911 年完成，是當時由丹尼遜．雷安及傑斯顧問公司設計，以成為中環的地標作為目標，也是該公司得意之作。後來因為中環急速發展，簇新的大廈如雨後春筍湧現，令古雅的郵局變得格格不入，被時人戲稱為「畢打街老婦人」（The Old Lady of Pedder Street）。可惜至 1976 年，處於黃金地段的郵政總局不敵城市發展，須讓路興建中環地鐵站和商廈。其部分「殘軀」現時分別散落於現有郵政總局和嘉道理農場暨植物園。回望過去，它至今仍被香港人公認為史上最美的建築物之一。

27 作者按：生利在 1928 年日落西山，主因是海旁東填海工程發生接二連三、意想不到的窒礙，導致當時的建築巨人最終倒下瓦解。

摩理臣山的夷山工程於 11 月 1 日正式展開，須於六年內完成。為了應付龐大的工程，生利特別訂造了四部機車、四里長的軌道、50 部 Decauville Wagons 車卡和車輪等裝備。然而好事多磨，填海工程一直在重重困難下推展，原本工程進度尚可，至 1923 年末，雖已完成 80 萬立方碼的填海區填土，但 7 月已有採石工人開始罷工，至年底仍未復工，用作海堤地基的碎石不足下，導致海床浚挖工程暫停。（見 1923 年工務司報告）

1925 年，在夷平摩理臣山的工程上，原先認為摩理臣山以較軟的泥石佔多，豈料政府發現山體的岩石量比預期大得多，承建商不可能以預算的合約價錢施工。政府只得委任一個工程師委員會，由港口工程師及其副手，加上兩名獨立工程師作出調查，為求找出解決方法，以免停工。其後委員會建議，由 1925 年 3 月 31 日開始，承建商按比例派發花紅，條件是維持填海工程進度，合約限期延長 15 個月，至 1929 年 1 月 31 日。可惜好景不常，省港大罷工爆發，整體工程在同年 6 月底開始受到拖累，期間有整整一個月停滯不前。

此後的三年內，摩理臣山開鑿工程日益艱巨，為了追回進度，承建商需要改向東角山（即利園山）採集填料。由於開山困難，政府於 1928 年 6 月決定停止開鑿摩理臣山。1929 年 5 月 31 日，填海工程的填料部分終於完成，整項工程總填料超過 300 萬立方碼，其中超過 290 萬來自摩理臣山，其餘主要來自東角山，造地約 90 畝；4,995 呎長的海堤亦於同日竣工。

政府委託負責監督填海工程的工程師 Adam Anderson，在 1930 年 6 月 13 日提交一份名為「海旁東填海計劃」的最後報告，指出早在 1897 年，時任工務司安庶庇（Robert Ormsby, 1846-1927）已警告，摩理臣山藏有大量岩石，而且由於水源匱乏，將為這項港島區的發展計劃帶來沉重負擔。

不過政府認為摩理臣山可為海旁東填海計劃提供足夠的填料，加上遮打爵士向政府強烈推薦，認為利用摩理臣山最為有利，政府遂接納其意見，收回摩理臣山的土地，繼而展開工程。當工程展開了一年半後，承建商便發現摩理臣山存有大量巨石，要移開這些大石，花費的成本和時間大增，且將無法如期完工。

生利為完成任務，已加班工作至晚間，但情況沒有最壞，只有更壞。1924 年 3 月，生利向政府匯報，表示以原有合約報酬無法繼續工程。工程師在檢視所有環境下，建議向承建商提供 25% 花紅。政府在 1924 年 4 月 1 日通過建議，惟生利認為花紅並不夠彌補不可預見的困難和因而提升的工人成本。同年 12 月，生利告知政府，即使增加了 25% 花紅，他們仍錄得嚴重虧蝕。除非花紅加碼，否則工程將無法完成。1925 年 3 月 5 日，政府委任由工程師委員會研究對策。委員會的報告提出，經過現場仔細勘查後，發現原合約的報酬顯著偏低，需要提供 76% 或以上花紅，並延長合約期限至 1929 年 1 月 31 日。

報告亦指出，摩理臣山的岩石佔了 35%，委員會認為，額外調高的合約報酬金額只能大約彌補成本，即使政府重新招標，也難以降低成本。截至 1925 年，政府兩度調高花紅，結果合約整體價值增加了 34.6%。諷刺的是，當年生利獲得合約正因其出價最低，但其實出價比生利高的第二低標書，提出的要求報酬也只是高於生利 22.3%；即使出價最高的投標者，出價也只高於生利 32.5%。

政府在 1919 年預算整項工程的成本為 338.5 萬元，結果在 1929 年完工時已花了 5,421,493.38 元，超支逾 200 萬元，超支高達六成。新填土地的每平方呎成本為 2.41 元，較 1921 年估計的 1.505 元超出了 60%。不過時任工務司祈禮士（Harold Creasy, 1873-1950）在報告的序言中形容，事實證明該項工程在任何角度而言都是一項非常划算的事業。海旁東填海計劃完成後，政府還想在跑馬地大看台至灣仔杜老誌道之間興建一條道路，最終因為摩理臣山的堅固岩石難以夷平而決定放棄。

譚肇康事後在刊登於《香港建造商會年刊》的文章指出，填海工程開支由相關土地業主分攤，業主起初反對增加 75% 工程費，認為原有金額有合約訂立在先，「自不能毀約於後，加價殊非合理」。政府遂向業主陳述利弊，業主再行商議，經詳細計算下，增加工程費後，所得土地仍有利可圖，最終贊成政府建議。

填海工程成功的另一關鍵，是政府開放海旁東填海水域「任人傾倒泥土」，而生利亦僱用船隻把其他地區取得的泥土運來海旁東填海，工程才得以完成而不致虧本。譚肇康形容，海旁東填海計劃完成後，「香港商場規模始告完備，市區日擴，而商業亦因之而日趨繁榮。吾人得覩今日為舉世所稱『東方之珠』之香港者，實政府與居民合作之成果也」。（引文見譚肇康：〈五十年來香港建築工程回憶錄〉，《香港建造商會年刊》，1955 年。）

28 同注 24。

29 高添強：《碩德流光：華人永遠墳場的建立》，華人永遠墳場管理委員會、三聯書店（香港）有限公司，2023 年，頁 197；譚肇康：〈五十年來香港建築工程回憶錄〉，《香港建造商會年刊》，1955 年。

30 Historic Building Appraisal No. 621 Ng Yuen No. 21 Tai Chung Kiu Road, Sha Tin,

N. T. (https://www.aab.gov.hk/filemanager/aab/common/historicbuilding/en/621_Appraisal_En.pdf), accessed on 18 September 2024.

31 1903 年工務司報告。

32 本書關於吳園及吳子美後期的資料，部分出自其孫兒吳漢雄先生的訪問內容。

古今水務設施導賞

香港開埠以來，食水供應是最重要的任務，是以水務基建與香港同步發展。百年以後，早年為公眾提供用水的設施，至今大多成為歷史文化愛好者著迷的水務古蹟。這些遍布在城市中的設施，有的風光優美，有的建築獨特，有的隱匿山林，充滿神秘感。本章會以文字導航，介紹這些設施的故事和奇特的身世。

雖然很多水務古蹟並不對外開放，但它們仍有一鱗半爪展露在可見的位置上。也許大家認識其故事後，躑躅街頭時，不用「爆林」或潛入廢墟，也能展開人畜無害的都市尋寶之旅。

古蹟配水庫
群像

2021 年，有五個戰前配水庫獲古物諮詢委員會評為一級歷史建築，暫時逃過拆卸命運，當中只有位於主教山的前深水埗配水庫作有限度的對外開放，其餘四個歷史配水庫基於安全理由，難以讓公眾參觀。在此會詳細解說各個配水庫的特色，逐步揭開它們的內裡乾坤及背景故事，科普一下配水庫的功能和運作，並介紹有趣的冷知識。

「配水庫」是什麼？

配水庫是重要的供水設施，在戰前時的建造已頗考究。可惜由於種種原因，無法全數留下，其中三個位於現時何文田港鐵站的紅磡配水庫、位於克頓道的配水庫和現時為香港大學百年校園的西區配水庫，便淹沒於歷史洪流之中。在 1960 年代，因興建山谷道邨而曝光的紅磡配水庫，一度被誤認為是地底屋和日軍設施，曾惹來大批群眾圍觀，在拆卸後傳媒才弄清是昔日供水給紅磡至黃埔船塢用戶的水庫；1908 年落成的克頓道配水庫有嚴重滲水問題，威脅其結構安全，最後拆卸重建；而 1918 年落成的西區配水庫，整體以鋼筋混凝土作為單一結構的建築物料，比前深水埗配水庫晚 14 年落成，自此所有配水庫採用同樣的建築物料。然而於 2009 年，因香港大學擴建百周年校園，該配水庫也須讓路予未來棟樑而拆卸。

另有五個現存的戰前配水庫，皆獲評為一級歷史建築，分別是於 1888 至 1889 年興建的雅賓利食水配水庫（港島）、1894 年興建的前油蔴地配

已拆卸的克頓道配水庫（圖片由水務署提供）

水庫（九龍）、1897 年興建的山頂食水配水庫（港島）、1903 年興建的歌賦山食水配水庫（港島）和 1904 年興建的前深水埗配水庫（九龍）。

其中兩個停用的配水庫以所處的舊地區命名，即深水埗和油麻地，並非以「主教山」或「京士柏山」為名。古物古蹟辦事處在為它們評級時，特意加了「前」字在其名字開端，方便大眾區分退役和現役的同名配水庫。

三大現存食水配水庫

配水庫除了儲存食用淡水，也用作儲存重用水或沖廁用的鹹水。五個古配水庫中，三個位處港島的注有「食水」二字，由於至今仍在使用，連結著現行的供水網絡，所以名稱上直接使用水務署現行的設施名稱。但九龍的兩個因為已經停用，並沒有列在水務署的現役設施之中，既然不再是供水系統之中，為免令人混淆，也毋須加上「食水」兩字作區別了。

雅賓利食水配水庫

雅賓利食水配水庫，大約在1888至1889年5月間落成，屬大潭供水計劃的第一期，是香港最歷史悠久的食水配水庫。它的供水區域，自古以來都是中環一帶，百多年來默默支持著香港的中心發展。

回顧香港首個公共水塘薄扶林水塘規劃時，供水系統並未附有配水庫設施。在1863年，初代薄扶林水塘（石壩）和1871年擴建的薄扶林水塘（土壩）的配水運作，是把塘內的原水直接沿薄扶林輸水道運至羅便臣道的石製第一號水缸（Tank No.1），[1] 再送到己連拿利山谷附近的水缸，才配給用戶使用（薄扶林輸水道及己連拿利山谷水缸，將分別於後文〈送水一個半世紀的古水道〉及〈被遺忘的鐵缸傳奇〉中詳細介紹）。

雅賓利食水配水庫（圖片由水務署提供）

查維克在 1882 年針對改善維城衛生狀況的報告雖被港府忽視，但當中建議須在供水系統設有過濾設備，以過濾原水的這一項，則被裴樂士採納，成為大潭谷供水計劃的一部分。因此，在寶雲輸水道的末端，便興建了一座有六個過濾池的雅賓利沙濾池，用以過濾來自大潭水塘的原水。但沙濾池的過濾速度慢，有機會在用水高峰期供不應求，所以需要設施在沙濾池的下游，不斷儲存由沙濾池產出的食水作緩衝，以加強食水供應的穩定性，同時水庫內的水位可提供穩定水壓，暢順地配水給下游的用戶，雅賓利食水配水庫就此誕生。

山頂食水配水庫

山頂食水配水庫出現前，雖說山頂的居民人數在 1880 年代還不算多，但山上的井水也難以應付居民的需求，加上山路崎嶇，單靠挑夫擔水補充水源並非良策。及至 1890 年代，工務司署再也無法迴避供水至山頂的棘手題

山頂食水配水庫（圖片由水務署提供）

目。在關於谷柏的一文提過，由山腳至山上有超過 1,500 呎的高度差距，在此情況下，解決方案就是在太平山山頂附近（離海平面基準 1,751 呎以上），築起海拔比港督避暑山莊還要高的山頂食水配水庫，以接收由般咸道抽水站（近現時香港大學東閘）泵上來的食水。有了此配水庫，便可以再分配食水至地勢較低的水缸。不但令山頂道、歌賦山道以至奇力山一帶有穩定食水供應，而且區內一旦發生火災，它還成為救火的重要水源。

歌賦山食水配水庫

位置相當偏僻的歌賦山食水配水庫，雖然與山頂食水配水庫僅咫尺之遙，似是兩者分派水源，其實它是一個完全獨立的食水供應系統。昔日山頂的食水源自薄扶林水塘，經青草山沙濾池過濾，再由般咸道抽水站泵水；而歌賦山的食水，則源自大潭上水塘，在寶雲道沙濾池過濾，經寶雲道抽水站泵水輸送而至。但時移世易，般咸道抽水站已然拆卸，現時山頂食水配水庫由薄扶林道的西區食水及海水抽水站支援，把大埔或沙田濾水廠的食水泵上山頂，供居民食用。至於歌賦山的食水則由沙田濾水廠出發，過海後經過雅賓利抽水站、施勳道抽水站以至歌賦山食水配水庫，再供應食水至普樂道對下的山頂住宅區。換言之，如今港島山頂和半山區、以至全港島居民，正享用來自新界區的食水。

歌賦山食水配水庫（圖片由水務署提供）

已退役的配水庫

兩個被評級的九龍配水庫，落成時間彼此相差了十年。最初設計分屬兩個供水系統，先落成的前油蔴地配水庫，原為谷柏和查維克設計的九龍地下供水系統（即三井系統），收集何文田一帶山丘的地下水。後來落成的前深水埗配水庫，屬九龍水塘重力自流供水計劃的配件。因應水源的供應量不同，兩個配水庫的大小相差很大，前深水埗配水庫的原設計容量足足是前油蔴地配水庫的 13 倍。兩者分配食水的區域也有所不同：前油蔴地配水庫僅負責供應九龍半島最早發展的地區，即尖沙咀軍營至油麻地，但前深水埗配水庫則供水至九龍塘大坑東，屬界限街以北地區較廣泛的民居範圍。

前油蔴地配水庫（圖片由水務署提供）

前深水埗配水庫的塘尺（位於男士右後方）（圖片由水務署提供）

配水庫的結構和物料

除了落成年期和背景，上述五個配水庫的建築用料都不盡相同；其中最早設計和興建的雅賓利配水庫，當時囿於資源匱乏，只能將最容易獲得的物料——就地開鑿的花崗岩材，鋪滿整個配水庫的內襯（lining）牆壁。山頂配水庫同樣以石材作牆壁內襯，興建於 1890 年代後期，當時天花的物料仍以紅磚作為主流，而柱都一併採用紅磚砌成。

同期興建的前油蔴地配水庫，開掘範圍較山頂配水庫小，原地取得的石材更少，因此以紅磚取代石材，鋪砌內襯天花、牆壁和支柱，外牆和地板則為混凝土所建造。

在 20 世紀初落成的歌賦山配水庫，跟前油蔴地水庫的情況類似，礙於開鑿範圍細小，難以提供足夠石材，故以混凝土築成地板、牆壁和天花，並以紅磚築砌成支柱。不過它混凝土使用的比例較早前的設施多，可能與青洲英坭廠在 1890 年代末由澳門移師至九龍黃埔，為香港建造業穩定提供大量的英泥有關。它的天花板採用拱形混凝土，拱跨 6 呎，拱高 15 吋。拱的兩

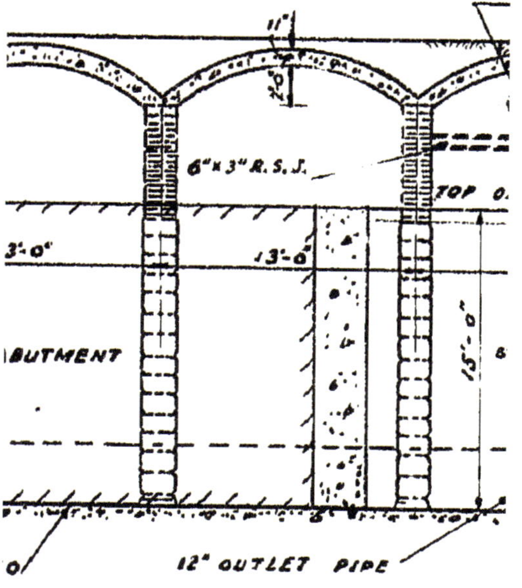

深水埗配水庫的混凝土跨度（圖片由水務署提供）

端以工字鐵承托。窄長形的水庫內部中，磚柱以兩行排列，各列有13條柱。磚柱大概承托著工字鐵長度的三分之一和三分之二的位置，工字鐵的底部仍可在水庫內看到。

由傑斯操刀設計的前深水埗配水庫，規模雖沒雅賓利配水庫那樣大，但它沿山而建，可盡用山頭的石材，築造花崗岩石柱，再配以混凝土建造天花、地板和原牆壁。承托天花重量至石柱的過渡位置，則使用紅磚砌成拱券，建材豐富多元。前深水埗配水庫只晚歌賦山水庫一年落成，但其混凝土的跨度，竟比歌賦山配水庫超出近一倍，達13呎，拱高2呎，以沒有鋼筋在內的混凝土來說已是很大的跨度，為配水庫的建築帶來突破。

防滲妙訣

防滲漏是所有儲水設施的必備條件，但技術上也最為考驗工程師的能力。這五個配水庫的主要防水層都是靠混凝土的防水特質，2 當時尚有另一種混凝土是 lime concrete，以石灰粉 lime 而非英泥來結合水和砂石。3 其中，英泥在每立方米的用量高，產生的化學反應的體積多，混凝土的強度會變高，防滲力自然較佳，但英泥的價錢較砂石昂貴，所以強度高的混凝土越多，工程造價自然越高。

傑斯在前深水埗配水庫內採用了雙層防水，地基層用了12吋厚的水泥混凝土（cement concrete），在其之上加了3吋厚的幼砂水泥混凝土（fine cement concrete），即所用的砂石尺寸會比一般的混凝土細小，砂石表面面積與體積比例（surface area to volume ratio）增加，更具防滲透功效。可惜運作一段時間後出現自然損耗，牆壁和地板滲漏嚴重，唯有在1951至1952年作出改動，加厚牆壁及在地板上再加一瀝青層以加強防滲效果，但水庫的容量亦因而減少。

這種雙層地板（double slab）安排，在雅賓利配水庫落成時的橫切面圖上沒有顯示，但前紅磡配水庫的圖則中，則顯示地板有3吋厚幼砂混凝土層和9吋厚的混凝土層。由於它跟前油蔴地配水庫同期興建，估計地板結構

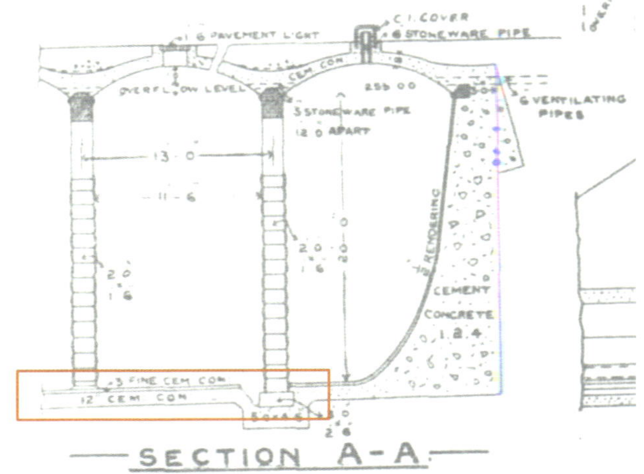

前深水埗配水庫橫切面圖，可見其地基構造。（*The Far Eastern Review* 1907 年 3 月）

亦相同。至於山頂和歌賦山的配水庫卻沒有相關舊圖則參考而無從考證，但歌賦山配水庫後期在 1970 年代修葺時，曾添加一層混凝土於原地板之上，加強防滲效能。

既然有前車之鑑，後期興建的配水庫在雙地板內再增加一項防滲水措施，就是在基層地板先塗上瀝青，形成一層完整防水膜，才建第二層地板；亦因為每層地板的板塊之間有施工縫（construction joint），基層地板的施工縫與上層地板的施工縫錯開（staggered）（即位處不同位置），防止水

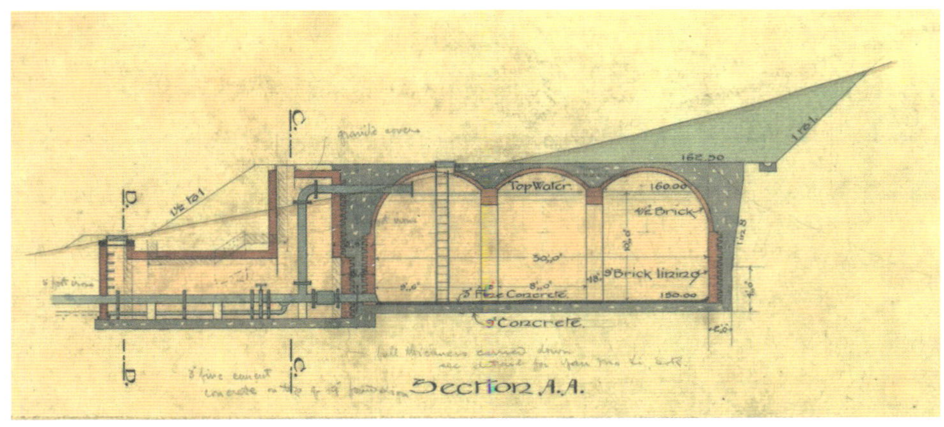

紅磡配水庫的橫切面，顯示採用了雙層地板。（圖片由水務署提供）

體一下子從施工縫滲過兩層地板，滲透路徑（seepage path）加長，滲水難度提高，便可減少滲漏水量。4

配水庫的神秘面紗

配水庫給予大眾神秘的印象，因為它是一個有蓋並包上厚牆的密封構件，處於高海拔位置，市民一般難以察覺其存在。它之所以密封，在於防止塵埃、藻類、病原體、雜物樹葉等接觸水體，令已過濾的食水受到污染。此舉也保持水庫內部清涼，5 低溫對保存食水相當重要，反而高溫會誘使大量細菌迅速滋生，導致食水不宜飲用。不過，前深水埗配水庫設有天窗，這在供水的設施中算是異類，因為有光進入就有藻類滋生的風險，藻類會令食水變味、變色，甚至產生有害毒素，列為供水大忌。這些光井在 1930 年代被封掉，未有記錄證實與水質有關，但再沒有第二個配水庫有此配備。

廢棄的配水庫內部仍是處於密閉空間狀態，若非有技術或適當設備，置身其中會相當危險，所以極其不宜讓非工作人員進出。坊間不明就裡，單純以探險心態潛入，其實正威脅著自身安全。

有趣的是，最早建成的雅賓利配水庫，最初並沒有上蓋，縱然工務司署明白加裝天花的重要性，也拖延至 1930 年代才安排相關工程。可惜其時全球戰雲密布，香港更在幾年後淪陷，待到 1945 年又有大量工作需優先處理，於是雅賓利配水庫加建上蓋計劃，由 1930 年代一拖就拖了 20 多年，待到 1954 年才落實執行。

雖說配水庫須四面密封，但並非密不透風，通風井更是它的必備配件。

配水庫密封的設計限制了空氣作裡外交換。在物理上，當食水進入水庫時，同等體積的空氣必須離開水庫，否則會令庫內空氣加壓而向天花擠壓，有機會把天花向外擠至凸出變形，甚至破損。再者，氣壓亦會頂向入水喉，阻礙食水注入。相反，當儲水流走，若沒有空氣進入水庫，令庫內出現負壓，天花可能因而凹入，產生物理性破壞問題。故此裝設通風井能確保空氣可以交換，使庫內不致產生正壓或負壓而損害結構、影響運作，是配水庫不

位於山頂食水配水庫的原裝通風井（黃曦諾攝）

可或缺的裝設。古今的配水庫都有此配備，6 只是前深水埗配水庫和前油蔴地配水庫已經廢棄，通風井亦已填埋，不被察覺。

擇地而建

光是配水庫的選址已蘊含莫大學問，因為儲滿水和沒儲水的載荷狀況，存著極大的結構差異。庫內滿水時，水壓有機會造成配水庫的牆身外移，庫底也承受建築物自身和水的重量，若計算有差池，配水庫便會出現沉降現象。反之，清空的水庫牆身須抵禦外部壓力，底部也有機會被山體的地下水托起，因此興建配水庫除了講求技術，還須考慮選址的土質及地勢。

雅賓利配水庫建在一個人工填平的山谷之上，以現時水務設施設計慣例，選址並不合格。或許當時考慮到沙濾池、配水庫和供水區所需水壓的互連關係，加上山腰欠缺大片平地，只能採納此權宜之計。7

由於該處本身是山谷，山谷中有山溪，若直接把山溪填平而非適當地疏水導流，久而久之，地基土壤會被沖塌，在填土上的建築物將非常危險。因此必須好好引流山谷中的山溪水流，才能穩住配水庫底部。在此背景下，工程人員在原本山溪的位置先建一條下為梯階、上為半圓拱的石渠，把山溪水引流到山下。今天雅賓利食水配水庫內部，仍清楚可見這條拾級而降暗渠的半圓拱頂外部結構。

山頂和歌賦山的配水庫較好一點，它們都建造在削平的山坡上，使配水

雅賓利食水配水庫中的半圓拱頂（圖片由水務署提供）

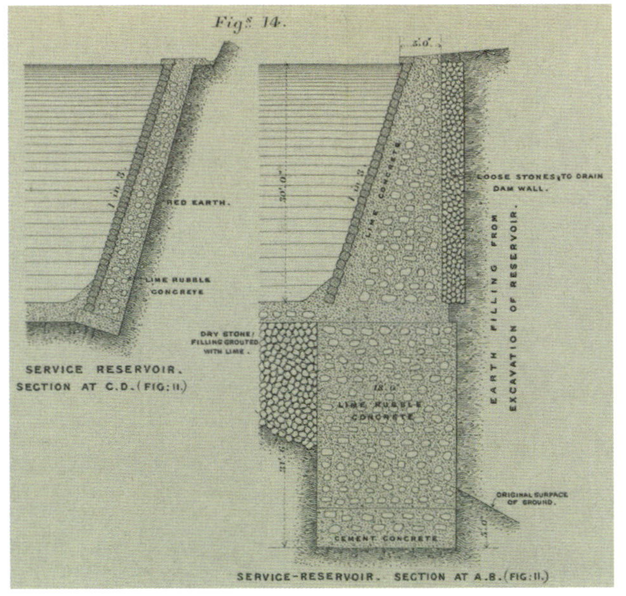

由於水越深水壓越高，配水庫的總牆身厚度一般都是下厚上薄。但若工程師利用配水庫外牆的山體借力，牆身就可用均一厚度設計。
從雅賓利食水配水庫的外牆橫切面圖可見，圖左顯示水庫靠原身山體的一面，牆身大致是均一厚度；圖右顯示水庫向花園道山下方向的一面外牆，牆外的泥土通過人工方式堆填（fill），不用作借力，因此牆身厚度由底至頂是由厚至薄。
（Courtesy of Institution of Civil Engineers Library and Archive）

庫坐落在原土質（in-situ founding materials）上，土質已經過千百萬年承受山體的重量，自然能輕易容納兩個注滿水的裝置。在外牆方面，呈四邊形的配水庫半邊靠山、半邊外露，既解決了牆身壓力的問題，而外露部分又配以石砌飾面，如今看來甚是壯觀。

前油蔴地配水庫和前深水埗配水庫，便整個嵌入山體之中，坐落在原土之上，也沒有外牆外露。但這設計反而生出另一問題：例如結構牆身外的山體土壤因受過建築期間的擾動（construction disturbance），有機會向外或向內移動。如前油蔴地配水庫的四方形格局，南牆身和西牆身各有一道大裂縫，頗有可能是配水庫周邊土壤移動以致結構受損。唯獨前深水埗配水庫因盡用山頂面積並以圓形設計，任何一處的原山體土壤向水庫內側移動，圓形的結構可令壓力平均地卸去其他位置，故較為穩妥。

地下水的煩惱

興建配水庫要借用山，但也要避開水。當配水庫需要清空作清洗或維修時，總重量會驟降，若庫底有充沛的地下水，而水位高至水庫底部，便有機會推起整個水庫，令其移位，導致結構受損。應對地下水最簡單的方法，就

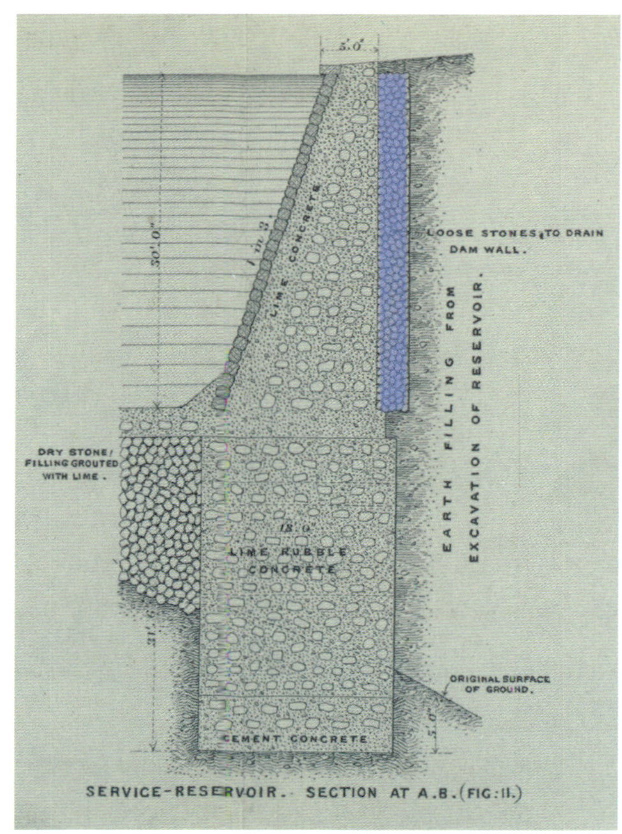

1889 年文獻顯示水庫外牆外側有垂直排水層（Courtesy of Institution of Civil Engineers Library and Archive）

是把配水庫建在地下水位之上，其次是整個配水庫外露，使其任何一面（包括地基）均無須接觸地下水，也可在配水庫的外牆後方鋪排水層，把牆身後方的地下水引流至排水層排出。五個配水庫所知的設計，只有雅賓利配水庫的外牆外側有垂直排水層，[8] 山頂配水庫、前深水埗配水庫和前油蔴地配水庫的位置應該建在地下水位之上，但歌賦山配水庫的情況卻不得而知。

配水庫布局

配水庫的布局是水務工程師百多年來最常交流的議題，有效的布局就像道路網，讓運作暢順並易於管理。五個配水庫在落成時都是單間（single compartment）配水庫，即其整個空間只有運作或停水的模式。這種安排在講求常規檢查和維修之下，會導致下游用水客戶因配水庫關閉運作而無水可用。從當時的設計可見，昔日配水庫並沒有常規修葺的安排。但現時的配水庫通常都是雙間（twin compartments），每間可獨立運作，有時可作一間保持供水運作而另一間停水，即使需要檢查維修也不會影響供水了。

前油蔴地、山頂、歌賦山這三個配水庫容量較小，當時更無必要考慮分隔牆的設立。前深水埗的圓形設計，當時也沒有分為雙間隔。但在 1920 年代以後，配水庫分隔牆成為常設裝備，而牆身高度也變成至水庫高度的三分之二。近代的配水庫，牆身與水庫高度相同，成為可承托天花的結構一部分。完全分隔兩個空間之餘，儲水也不會由一間室滿溢至另一間室。

確保水質的「先進先出」導流法

這五個配水庫的進水喉和出水喉，基本上處於同一位置，只是進水喉在高位，出水喉在低處。這安排會令剛進入配水庫的水會立即從出水喉帶走，但留在距離出水喉較遠處的儲水無法進入供水網而滯留在配水庫內（First In, Last Out），該處的靜止水（stagnant water）所含的餘氯會逐漸耗掉 / 揮發，促使水中環境變成適合細菌滋生的溫床，情況非常不理想。

英國土木工程師學會的文獻 [9] 中，記載了 1883 年維也納的 Schmelz

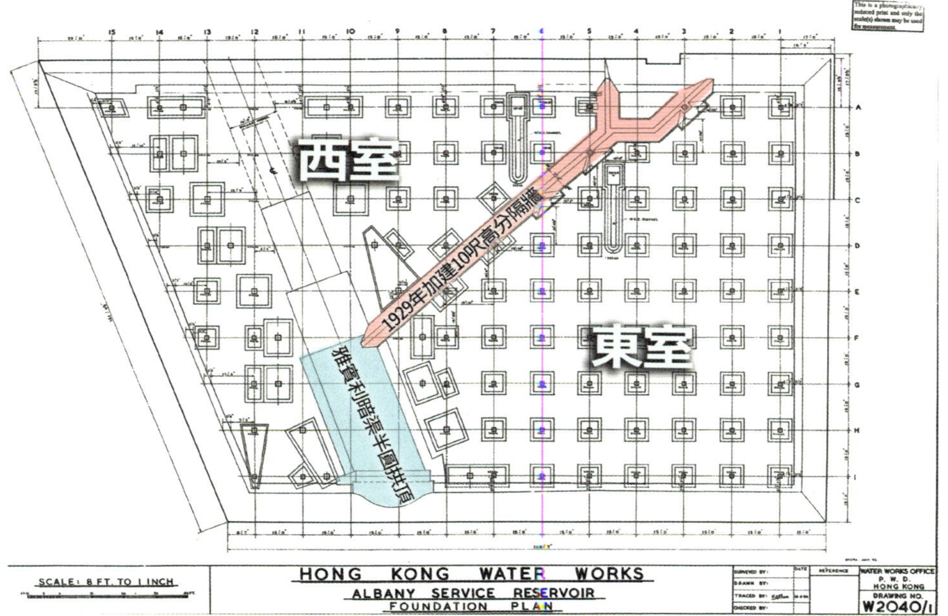

雅賓利食水配水庫在 1929 年加建一道 10 呎高的分隔牆（division wall），由單間變為雙間，但此分隔牆（紅色線）並不是只將配水庫空間均分為兩個四邊形。
新建分隔牆由東北角向西南方走，直至碰到雅賓利明渠圓拱頂最高的水平。如此把內部空間分為東西兩個室（compartment），地板面積的比率大概是 7（西）：8（東）。因為西室有明渠半圓拱，實際的貯水空間比東室少。估計當時決定這樣分間，考慮到需要遷就位於北牆近東北角的入水口位置，使食水可同時進入東西兩室；再者，以半圓拱作為分隔牆一部分，可減少用料，從而節省開支。但配水庫由單間變成雙間，所有喉管便需要多一套喉管：入水、出水、排水、溢流。所以配水庫外也需作出相應改動。

Reservoir 曾考慮到配水庫中的水流安排，安裝了導流牆，讓所有水只沿導流方向，由入水喉位置流動至另一端出水喉位置，當時英國的配水庫尚未有此概念，但其後配水庫也沿用同一方式，以「先進先出，後進後出」的概念安排導流牆或類似功能的布局，來保障水質。

百年水庫的不同結局

如前文所述，五個古蹟配水庫中，位於港島的三個仍在服役，但九龍的兩個早已退出江湖。

三個港島配水庫能運作至今，勝在其選址極佳，整體質素良好，滲水問

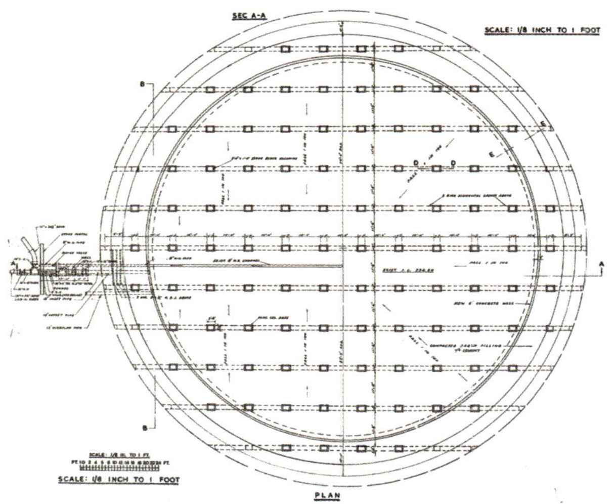

遊戲時間：若你是工程師，可以任意安排前深水埗配水庫的圓形內部的進水喉、出水喉，分隔牆、導流牆、排水管、地基排水管、溢流口、維修進出通道口的布局，你會怎樣安排呢？

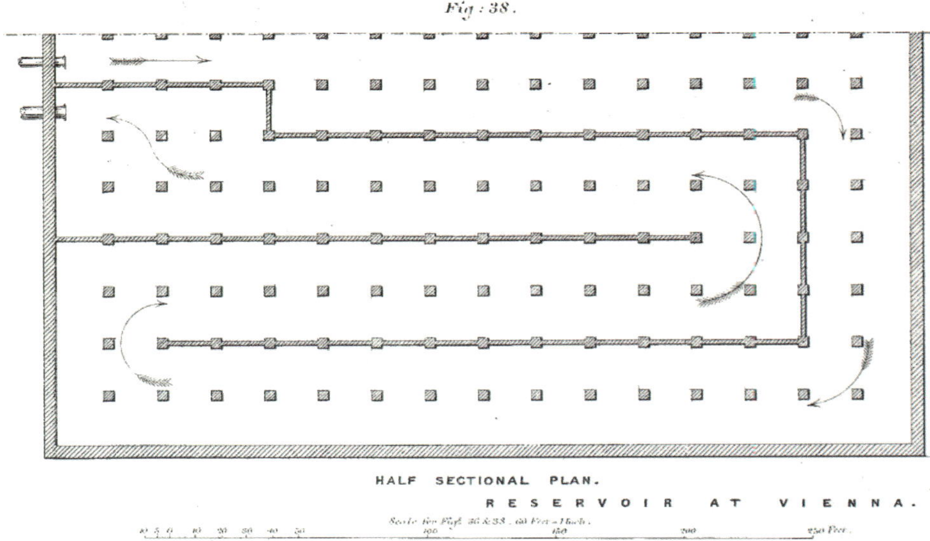

1888 年的文獻記載 Schmelz Reservoir 的導流牆布局平面圖。小方形為柱，直線為牆身，箭咀為水流流向。水由圖上方的進水喉進入配水庫，從圖上方至圖下方，再回到圖上方的出水喉離開配水庫。（Courtesy of Institution of Civil Engineers Library and Archive）

題在維修保養後得以解決。現時水務署仍會對該三個配水庫定期保養，讓它們在可見的將來繼續服務。

至於九龍的兩個早早完成歷史任務，除了因為人口急增，政府須以新建的大型配水庫取代，它們本身已經出現不少問題：如前深水埗配水庫曾出現嚴重滲漏，在 1970 年便已停用，而前油蔴地配水庫啟用才 30 年（1925 年），已需要急修。直至 2021 年的視察中，發現前油蔴地配水庫的西面牆身，有一道由接近天花頂至地板、曾修補過的斜裂縫，修補位置以半圓筒形覆蓋，連附近的紅磚牆身也以水泥重新批盪，似有阻隔滲水之用。但半圓筒形的修補物料發現已有頗大規模剝落，另外南牆也有類似的裂縫修補痕跡，估計這些修補就是 1925 年工務司年度報告 10 內提及的修葺工程。以其裂縫的規模判斷，當時滲漏情況何其嚴重。其他天花及柱頂都有不少長裂縫，可能是配水庫停用之後日久失修所致。

破損嚴重加上區內人口飈升，促使當年政府投放資源在旁邊另建一大配水庫，從而令前油蔴地配水庫一早退下前線，只能擔起古蹟的身份。

前油蔴地配水庫南牆的一道大裂縫（黃曦諾攝）

儲水設施大檢閱

在蒐集水務歷史資料的過程中，不難發現百多年來用以標注儲水設施的名詞，早期未經整合和訂出規範，以致相同的設施可能用上不同的詞彙，令人混淆，到底昔日的水務設施名稱應如何理解？

井（well）

在九龍半島發展初期，查維克以導引地下水進入三個大型的地底圓形且深的水池內，此項設施當時是以「井」（well）來形容。但它是密封的，與一般鄉村水井構造與規模是兩回事，只是大家同樣靠地下水滲透入井內集水而已。按其構造，稱它為地下水缸也無不可。

水塘、配水庫（reservoir, tank, cistern）

在舊地圖和文件中，水塘以 reservoir 標示最為容易理解，毫無懸念。但配水庫又會出現 tank、cistern，甚至是 reservoir 等字樣，容易與水塘混為一談。當中，tank 和 cistern 同樣解作水缸，因此必須從構造和規模，去辨認設施是配水庫還是水缸。例如太平山區的二號水缸（Tank No. 2），僅為一儲水缸，但前深水埗配水庫曾被稱為 cistern，跟土耳其的地下水宮（Basilica Cistern）一樣，如果直接翻譯，也是「水缸」。

水缸（tank）

水缸的構造相對簡單直接，但部分水缸具功能性，在儲水之餘，並協調運作。

調節缸（balance tank）

調節缸的作用在於用戶用水量低時，由更高位置供水的配水庫會順勢供水至調節缸，調節缸內的儲水量增加，水位會隨之上升。當用戶轉為用水量高峰時，因耗水量大，調節缸內的儲水提供足夠水壓以釋放儲水，填補相關區域住戶的用水需求，達致調節供水量的效果。因前深水埗配水庫在初期有此功能，故一度被標示為「調節缸」。

調節缸（平衡缸）在用水量低時（如午夜）

調節缸（平衡缸）在用水量高時（如傍晚）

減壓缸（break pressure tank）

若水缸設於山崗高處，水缸的出水會靠重力自流。然而，水壓每隔十米高低差便會上升一巴（bar），沿水管流至山下，山下的水管因而承受整個山勢高低差幅的水壓，存在很高的爆裂風險，因此需要在山腰處建一減壓水缸，令山頂至山腰水管的壓力得到釋放（break the pressure），變回大氣壓力，讓其水壓大減至一半或以上，減低水管爆裂的機會。

沒有減壓缸

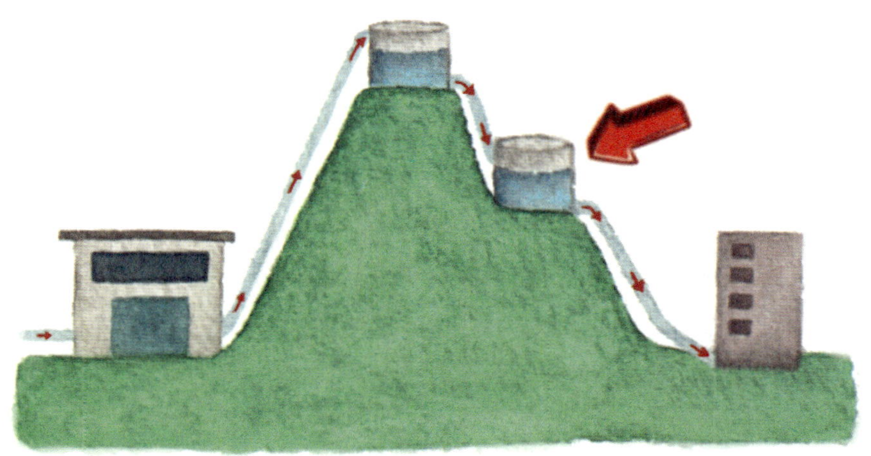

裝設減壓缸

被遺忘的鐵缸傳奇

昔日香港維多利亞城中心的街道多以官貴冠名，但有些中文名稱按英語音節翻譯過來後，昔日華人唸起來會稍嫌佶屈聱牙，所以他們仍以當時生活習慣來喚作街道名稱。後來政府亦從善如流，透過市民的生活經驗和集體記憶，取代原有街道譯名，例如昔日取水位置的水坑口街（原譯波些臣街），購買內地時尚產品的蘇杭街（原譯乍畏街），以及在舊日送贈佳人一束幽香的擺花街（原譯倫核士街），間接反映該處的生活歷史。

在半山的己連拿利，完全沒有街、道、里、巷、徑等標識，因為它本是一個水務計劃的地點；而它亦有一個該處居民自訂的舊中文名稱：「鐵崗」，正好記錄消失在歷史洪流的首個公共水務設施。

前文在介紹儲水的設施時，提及香港開埠早期在半山山腰，設置了四個水缸，分別為一號至四號缸。這類較有規模的儲水缸，均採用混凝土建造，以紅磚製造內襯，並設有蓋頂（如一號及二號水缸）。部分則在山溪之上，橫置一幅以混凝土建造的小型水壩，水壩後方便成為一個小型儲水池。

然而在水務歷史中，還有一款小型水缸，用生鐵板塊組合而成，在早期維城的供水系統上經常應用。這些小鐵缸安放在半山的山溪附近，用以收集溪水，供下游居民使用。儘管它們體積細小，容量有限，卻背負香港早期公共供水的重大使命。

開埠之初，政府沒有太在意公共供水安排，因為皇家工兵在興建軍事建築、港督府和政府辦公室時，已安裝好自來水的設施，換句話說，在此間工作或生活，一直都有水源供應，官員固然鮮有感受到民間水源匱乏的疾苦。但踏出這些處所，水就頓成一個非常重大的問題。即使是為了考慮消防安全，港府仍是一拖再拖：縱然在 1846 年時，政府內部已有人提出需要裝設消防水缸，以備不時之需，但這些建議仍被束之高閣。直到 1851 年發生中環大火，把下市場一帶燒個片甲不留後，不但造就了香港史上首個官方填海工程，令香港多了一條文咸東街，[11] 還增設了幾個消防水缸（約 1854 或 1855 年建成）。[12]

但其後一般市民的用水安排，政府除了多開了幾個水井外，便無所作為。時任港督寶寧一直抗拒把公共供水納入為政府任務，可是維城的衛生條件日趨惡劣，水源不足導致情況雪上加霜，疫病變成常態，死亡數字亦居高不下。寶寧於是遭人詬病，在 1856 年他發信反駁各方批評，並透露為確保適當供水而建造的水缸，已差不多完工。[13]

在 1858 年的港府預算中（推測大約是在 1857 年中期準備的），便有一筆£1,500 的款項，預留用作水缸和供水項目。[14,15] 對於當時財政緊絀的政府而言，這算是不大不小的公共開支。

寶寧所建造的水缸，分別位於般咸道、己連拿利谷和近太平山區。前兩者均為石缸，而位於近太平山區的二號水缸，正是一個鐵缸。政府在 1859 年的報告中，更注明很快會多建兩個鐵缸來協助供水。[16] 由此推斷，鐵缸是由寶寧引入，成為當時維城供水的希望。

到谷柏執掌水務工程，並建立更完善的維城供水系統後，這些鐵缸便退居二線，但仍受到認真對待；谷柏於 1896 年呈交當年立法局的報告 [17] 便提到：為改善山頂的供水，設於半山己連拿利谷的生鐵水缸，原為維城供水，現在已被替代，會把它們先行拆除，轉移安裝在山頂地區使用。可見鐵缸一直肩負維城的供水使命，到新的系統運作為止，至少使用長達 30 年，而且仍未退役。

報告後段亦公布了這些鐵缸的去向，指出山頂重置了六個同類型的水

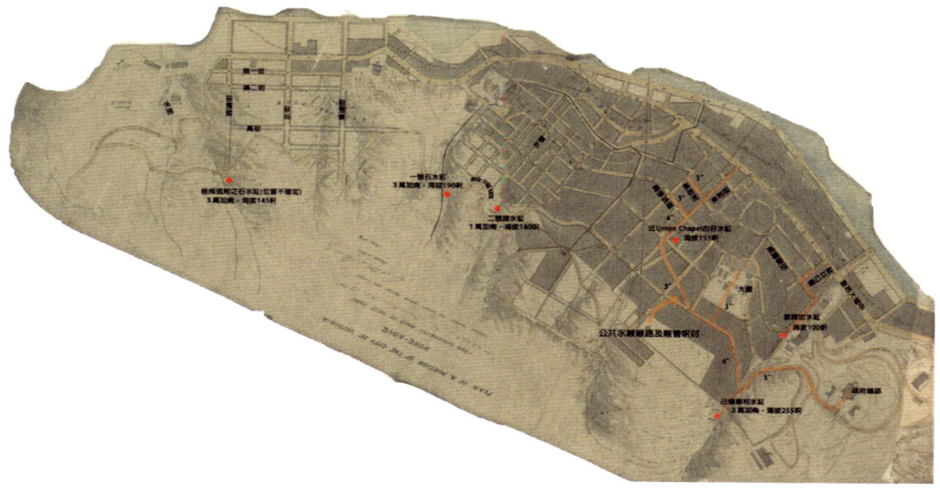

1859 年的水缸分布圖（黃曦諾製圖）

74. This project involved—

(a) The pumping of water up to the Peak from the Pokfoolum service reservoir.

(b) The removal of the cast iron tanks, situated in the Glenealy Valley, previously used for the water supply of the City but no longer required, to the Hill District.

(c) The laying of a 3-inch rising main from the Pumping Station to the Peak.

(d) The laying of distributing mains throughout the District.

79. *Water Tanks.*—Six cast iron tanks have been erected in the District, viz., at the Peak and Mount Gough of 5,000 gallons capacity each, and at the Peak, Mount Kellet, Plantation Road and Magazine Gap of 10,000 gallons capacity each.

缸，分別位於山頂及歌賦山的兩個儲存量為 5,000 加侖，其餘四個容量為一萬加侖的，則安放在奇力山、種植道、馬己仙峽及山頂地區。

至於這些原設於己連拿利谷的鐵缸，原本安裝在什麼地方？是什麼樣子？有何特別之處？和現在的供水系統是否仍有關連？在拆解這些謎題之前，先介紹一下己連拿利谷。在昔日的政府報告中，該地點的英文名稱有時是 Glenealy Valley（山谷），有時是 Glenealy Ravine（河谷）。無論用哪一個英文稱謂，均能得悉該處為谷地的原始面貌，若以中文翻譯，應稱為「己連拿利谷」。只是滄海桑田，河谷的地貌早不復見，該處已成高尚住宅區，後人也把「谷」字省去，成為今天的己連拿利（前稱忌連拿利）。

在 19 世紀末，中半山一帶共建有三個抽水站，負責泵送食水上山頂地區及半山一帶的用戶，其中一個是亞畢諾道抽水站，位處己連拿利和亞畢諾道的交界處。根據水務署一張於 1890 年代繪製的亞畢諾道抽水站位置平面圖顯示，抽水站不遠處（位於現時明愛大廈近香港動植物公園入口旁邊）有一個八角形的標誌，這款標誌在 19 世紀末期的舊香港地圖上也曾出現，例如在二號水缸以西的地方，也有相同的標記，標示為醫院水缸，那八角形標誌就是水缸的標記嗎？

推測之前，我們先回到近代，看看一個位於薄扶林的廢棄設施。

話說香港大學校長寓所對面的旭龢道旁，不知由何時起，放置了一個廢棄已久的陳舊生鐵構築物，外觀上似一大型容器，平面呈八角形，每邊有上下兩塊生鐵板，16 塊板的四邊均由螺栓和螺母收緊，並設有蓋冚，內部也有喉管，喉管頂部還帶有浮球來控制入水的開閂閥。看來這個構築物曾經是一個水缸，不過它來歷不明，1990 年代時已破爛不堪。巧合的是，依實

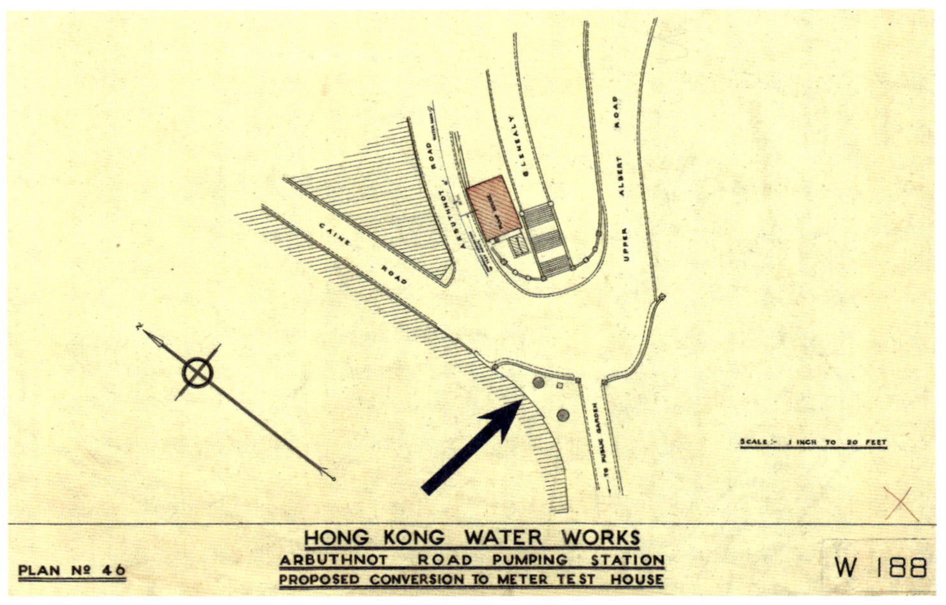

水務署圖則 W188 號，正下方劃有一個八角形標誌。（圖片由水務署提供）

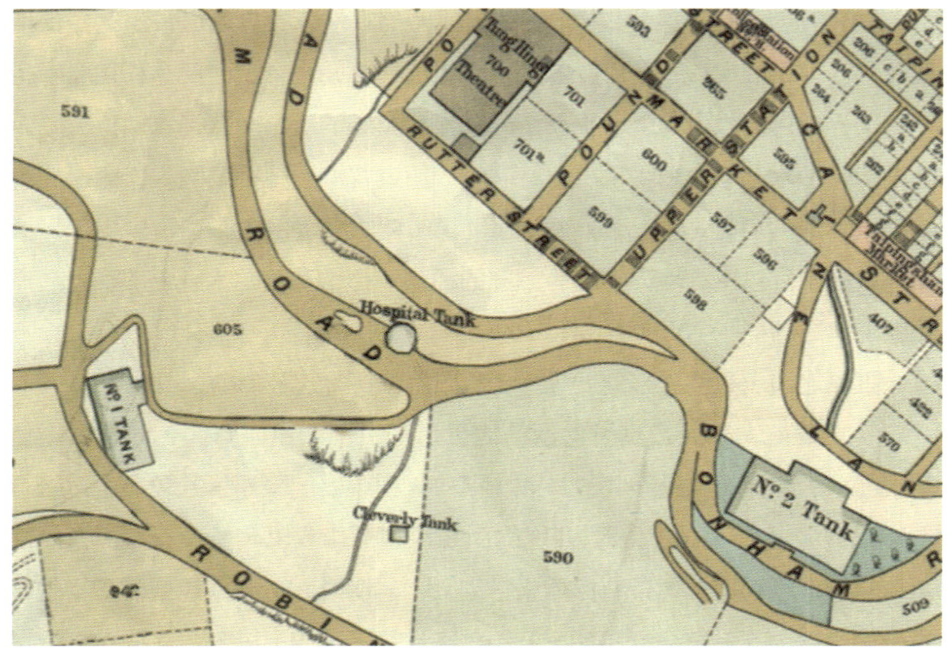

1889 年街道圖上，在二號缸以西，亦有一八角形標記，為醫院水缸。（Hong Kong Historic Maps 取自 https://www.hkmaps.hk/map.html?1889）

地量度尺寸所得，水缸容量約為一萬加侖，其中一塊鐵板上還鑄有 B ↑ O 符號。

B ↑ O 是指 19 世紀在英國的 Board of Ordnance，即英國軍需局，已在 1855 年解散。換句話說，這堆貌似爛鐵的容器，應是大有來頭。

從英國官方文件記錄顯示，殖民地需要向軍需局提出要求，才可獲取這些生鐵水缸，[18] 絕不可能由私人擁有並作應用。根據開埠後的水務歷史資料，亦只有早年的政府報告有鐵水缸的記載。雖然當時接合金屬板材大多數採用鉚釘，但水缸採用螺栓鑲嵌而成，這種設計可以方便拆開及遷移至有需要的地方重新組合，跟谷柏報告中所指的可拆可裝鐵水缸描述相符。因此它極有可能是在 19 世紀，由寶寧訂購、從英國運來組裝的早期供水設施。[19]

再回到己連拿利，從旭龢道旁鐵缸遺蹟所提供的線索，加上醫院水缸的圖示，亞畢諾道抽水站附近的八角形標記，很有可能是在 1890 年代中被移

旭龢道旁容量一萬加侖的生鐵水缸，內部結構完整，軍需局印記仍清晰可見。（劉國偉攝）

至山頂一帶的其中一個生鐵水缸。

當年亞畢諾道抽水站的位置，如今已變成公廁，八角形物體的位置也蓋上明愛大廈，還有何證據推斷它是昔日鐵缸的位置？

首先，翻查 1889 年的地圖，沿己連拿利上方一個長方形圖示，標注著「己連拿利缸」（Glenealy Tanks），旁邊剛好有一個八角、一個圓形的記認，和水務署的記錄一致，但未知為何兩個記錄的八角標記地點略有偏差。另在「己連拿利缸」不遠處，又有一組三個的「阿彬尼缸」（Albany

Tanks），同樣呈八角形，大小和己連拿利缸八角形的圖示相若。這些水缸群的地理位置，正正是己連拿利山谷（溪谷），幾乎可篤定香港其中一個鐵缸最早期的位置，就在該處。該處略大的八角標記，正好有四個，是否就是谷柏所指的四個一萬加侖容量的水缸？可是較小的標記只有一個，未能對應兩個 5,000 加侖容量的小水缸數量，因此不能作判斷。

另一個有力的鐵缸位置佐證，就是己連拿利居民的集體回憶。八角形標記的位置對上，即接壤堅道的己連拿利一帶，該處舊日稱為「鐵崗」。在日佔時期，這地名仍可考究，甚至到了現代，該處現已被拆卸的樓宇門牌，仍以「鐵崗」作為 Glenealy 的中文標示，而非官方譯名的己連拿利，且當

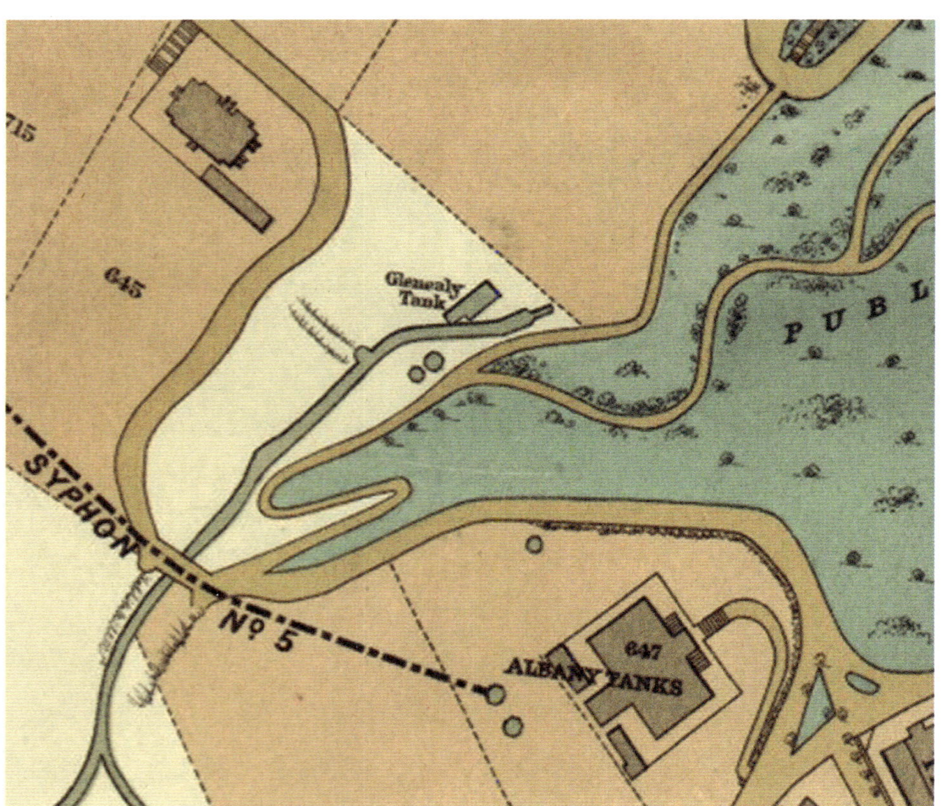

1889 年「己連拿利缸」（Glenealy Tanks）位置（Hong Kong Historic Maps 取自 https://www.hkmaps.hk/map.html?1889）

地老一輩街坊亦知悉「鐵崗」這個舊地名。出現這個地名，極可能因為當年巨型的鐵水缸群是地標式設施，令「鐵缸」成為「水坑口」一般，以地標和生活習慣作為非官方的地方名稱。只是鐵缸群在 20 世紀初已拆卸，在沒有實物參考的情況下，地點名稱只經由口耳相傳，於是很有可能由物件的「鐵缸」，中途變成為更具地理性的名稱「鐵『崗』」。

至於有沒有可能該處有一個小山崗或丘陵，古名亦叫「鐵崗」？前段已解釋過，己連拿利為谷地，所以這假設基本排除了。因此有理由相信，「鐵崗」就是「鐵缸」之口誤。但這字一改，便把一段早年水務歷史隱沒，只留下密碼待後人破解。

根據以上分析，我們嘗試推論，在 1890 年代以前，在己連拿利一帶已安裝了一些來自英國軍需局的生鐵水缸，其後又在 1896 年左右被拆卸並移到山頂地區重組供水。由於這些生鐵水缸堅固耐用，又可以靈活地搬遷到不同位置使用，當山頂供水在 1910 年代獲得徹底改善後，估計其中一個一萬加侖容量的水缸，再被移至香港大學旭龢道旁，相信是用來儲存溪水，供當

1942 年日佔時期的香港地圖，亦見「鐵崗」之名。（中大正通為堅道）

1859 年地圖標記了己連拿利河谷中最初的水缸位置（Hong Kong Historic Maps 取自 https://www.hkmaps.hk/map.html?1859）

已拆卸的己連拿利 5 號及 6 號，街道門牌亦自稱為「鐵崗」。

時大學內的西式水廁沖水之用。

至於何以認定旭龢道旁的廢棄設施，就是其中一個曾遷往山頂的鐵缸？因為這個鐵缸故事，有一個大家意想不到的結局：目前仍有一呈八角形、一萬加侖容量的軍需局鐵水缸，默默獨處深山中，相信它是從山頂遷移至現時所在地。鐵缸確是被遺忘的水務歷史，但不表示它已退出供水戰線。這個有少許鏽漬、但身上軍需局的標誌仍然清晰可見的鐵缸，目前是其所屬供水系統的一部分。它和旭龢道旁的廢棄鐵缸屬於同一款式，所以它們應是六個水缸的其中兩員，可惜其餘四位兄弟仍不知所蹤。

這個仍在運作的鐵缸，無疑是全港用料最古舊的供水設施。在今天一年換一部智能電話、幾個月人工智能又翻一翻的時代，大家能否想像在這個城市中，有一個用了百多年的公共設施，目前仍服役中，而且性能良好的呢？鐵缸，不啻是一個傳奇故事。

戰後香港大學鳥瞰圖，左下為鐵缸。
（Photograph by Arthur Fiddament. Image courtesy of Special Collections, University of Bristol Library [www.hpcbristol.net]）

位於白加道、仍在服務的生鐵水缸。（蔡元貴攝）

散落的小水點

大型水塘設施作為提供香港食水的泉源，市民大多都絕不陌生，但有些細小的水塘，早年因應不同的歷史原因及功能建成，散落在隱蔽的不同角落，亦沒太多遊人前往，保持與大自然的呼應。其實這些小小水塘都身世奇特，有的跟香港早期發展扣連，有的在述說鄉郊故事，如今仍默默為當地居民服務。我們謹叮囑所有偏愛尋找秘境的遊人：如到訪這些地點，請勿破壞它的美和淨。在此靜心欣賞和共處就好，莫要為在社交媒體炫耀一番，對這些設施和自然生態作出滋擾。

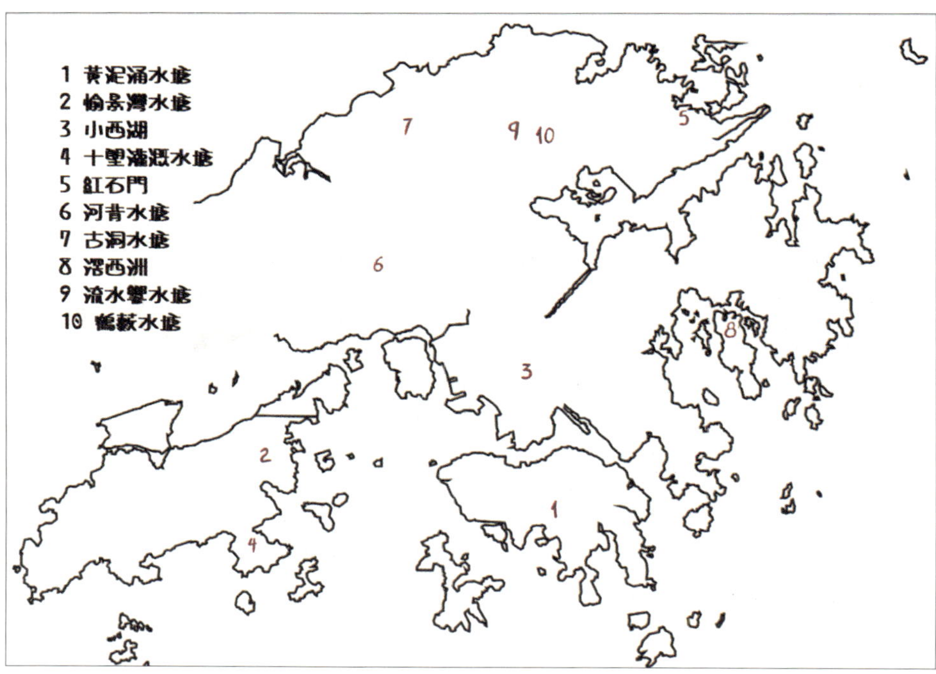

小型供水設施位置（黃曦諾製圖）

黃泥涌水塘

黃泥涌水塘位於大潭水塘道，落成於 1899 年，目的在收集紫羅蘭山近山頂北麓的地表水。它的集水範圍很細小，也不屬於大潭供水計劃的一部分。

黃泥涌水塘收集的原水，會輸送至寶雲輸水道，補充由該處送出的用水，一併流往雅賓利沙濾池作過濾。在大潭中水塘和大潭篤水塘相繼落成後，黃泥涌水塘的重要性已然大減。

直到 1949 年，黃泥涌水塘壩下興建了一所慢速沙濾池和工人宿舍，從此要處理黃泥涌水塘的原水，就不再依靠下游的東區濾水廠和雅賓利沙濾池，可直接供應已過濾的用水至地勢比寶雲道更高的黃泥涌峽道和司徒拔道一帶，作住宅發展。

其後萬宜水庫落成，加上東江水供港等發展，令水源增加供水供應，黃泥涌這水塘的供水變得更微不足道。1982 年，這小水塘從水務署供水系統中剔除，不再是食水水塘，並轉交康樂及文化事務署管理，變成水上單車公園。可惜有一段頗長的時間沒有公司投票經營水上康樂設施，直至 2021 年才恢復出租水上單車的康樂用途。

剛建成的黃泥涌水塘（圖片由劉立人先生提供）

愉景灣水塘

愉景灣水塘的身世頗為有趣，有網上資料說它是香港首個私人水塘，其實並不正確。可能他們忘記了多個已消失的舊私人水塘，包括早年為太古在鰂魚涌工業城供水的水塘群，及由律敦治（Jehangir Ruttonjee, 1880-1960）斥資興建、支援香港啤酒廠有限公司的私人水塘（本章之〈現存廢棄水務遺蹟〉將詳細闡述太古水塘群及啤酒廠水塘），於 20 世紀經營並結業已久的大成紙廠水塘（如今已成為香港仔水塘下水塘），都不屬公共水塘，而且有些在 19 世紀已出現了。

愉景灣水塘的誕生，源於當年地契條款要求發展商興建一個水塘和濾水設施，以供應食水給愉景灣內發展使用。從地圖看，水壩頂路面至原河床有接近 80 米高，以土壩形式建築，約 12 米高度設一小平台（berm）。若將壩頂一層計算在內，整個水壩共高六層。水塘右岸邊近水壩處建有取水塔和碗形溢洪道，溢洪道的出水口在壩底位置，濾水設施在壩底右岸。

水壩結構與下城門水塘相似，至於碗形溢洪道內由下而上伸出的柱物，其實際作用仍有待考證。

愉景灣水塘（圖片由鄺嘉仕先生提供）

小西湖

小西湖位處九龍塘以北，靠近義德道及歌和老街。此私人水庫由 Kowloon Tong and New Territories Development Company（九龍塘及新界建築公司）興建。水庫分上下兩階梯，庫容量不詳但細小。如果以工程角度分類，此水壩形建築物稱為堰（weir）會比較合適。當年開發原作為九龍塘花園城市（Garden Estate）沖廁用途，後來發展商於 1929 年倒閉，政府遂接管水庫，及後該區的沖廁水由食水水管供應。

這裡也有一段有趣的歷史：戰前九龍大部分地區的家居排洩物，主要靠夜香工人清理。直至九龍塘花園城市當年以水廁為賣點，吸引了不少外籍人士（主要為葡裔人士）購置，作為安居之所。但香港在 1929 年遇上大旱，不少水塘出現乾涸。未知是否因為這原因，花園城市的居民因而偷偷接駁食水喉來沖廁，因而被告上法庭。其後政府承諾供水沖廁，但到 1933 年仍未

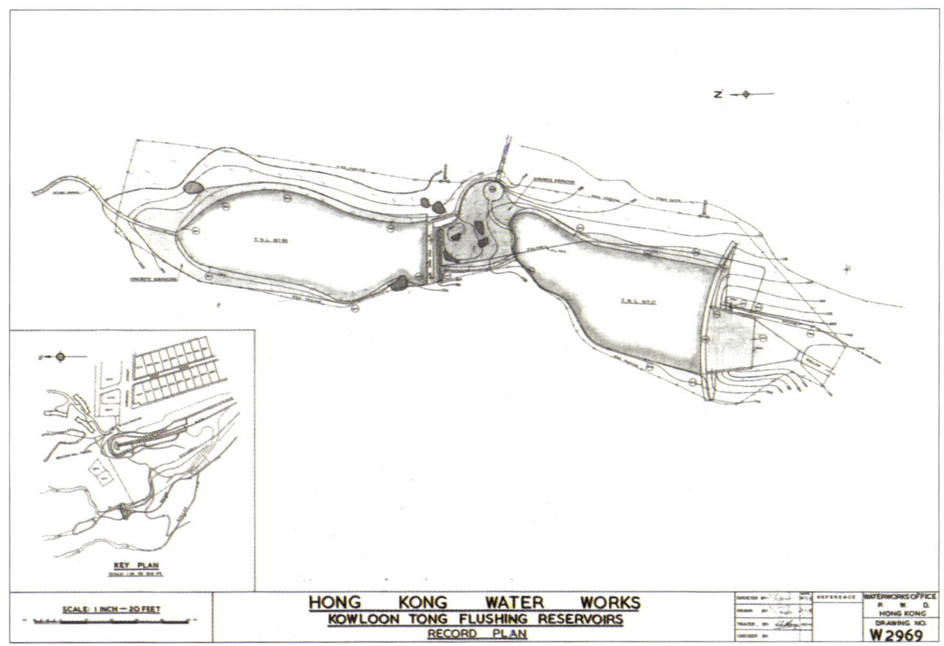

小西湖圖則（圖片由水務署提供）

兌現承諾，於是居民再次駁食水喉沖廁，當然又再被控，並著其清拆相關喉管，令居民叫苦連天。

時至今日，整個花園城市已無必要用此水庫的水沖廁了。小西湖在早年成為被追捧的旅遊勝地，不少旅行社組團而至。如今這名字亦漸被遺忘，該處如今已被茂密叢林包圍，湖光不再，除了靜水池和水壩仍可尋見，其他部分已被茂林吞噬。

A KOWLOON TONG PROBLEM.

NO WATER AVAILABLE FOR FLUSHING.

PLIGHT OF RESIDENTS SHOWN IN PROSECUTION.

ILLEGAL CONNEXION.

The fact that Kowloon Tong residents are undergoing considerable inconvenience in connexion with the supply of water for flushing purposes was emphasised by Mr. W. M. Gittins, of 22, Essex Crescent, who appeared before Mr. Whyte Smith at the Kowloon Magistracy this morning, on a summons for extending his water service by connecting unfiltered water to the Government mains.

The defendant produced a notice which, he said, he received before the summons and which required him to remove the illegal connexions within three days. The work was accordingly carried out, being completed within one day, but, notwithstanding, a summons was subsequently served on him.

Mr. Lee, Inspector of Meters, intimated that the illegal connexions were discovered on December 17, when the Water Authority requested that they be removed, but they were still present on the 21st, when the premises were again visited.

No Inducement to Remedy.

His Worship pointed out that the application for the summons was made on December 19, while the notice which the defendant

九龍塘居民因接駁食水喉來沖廁，被告上法庭。（*The Hong Kong Telegraph* 1930年1月8日）

小西湖只剩靜水池及水壩可尋可見（蔡元貴攝）

灌溉水塘

以下將集中介紹一些特別的灌溉水塘身世。

顧名思義，灌溉水塘是用作澆灌農作物或植物的儲水設施，它們多建於1950至1960年代，當時新界的農業興盛，農田遍布在元朗、錦田和粉嶺等地區；其後政府需要開發該些地區水源，以執行大欖涌水塘和船灣供水計劃，為了安撫農民，以及因興建引水道而截斷山水至農田而作出賠償，故興建多個灌溉水塘，而引水道也不會截取所有原水導入食水塘，以確保仍有足夠水源注入灌溉水塘，為農業種植提供用水。

其中在耕地較集中的新界西北地區，農民特別關注山水被截去，但在執行船灣和萬宜供水計劃時，當時的設計已毋須在山腰再大規模興建引水道集水，改為在山溪上游興建小壩，將水位抬高至引水洞口，再從豎井引流入隧道。山溪小壩堰底有一小閘保持開放，以穩定水量流向下游，遇到大雨時，洪水可經壩堰頂流溢。這種集水方式，是為了收集食水不用再與農民「爭水」。由於毋須沿山腰截水，山麓的地表水可以沿山坡流至山腳，即便位處山腳山谷底的農戶，也有地表水和溪水供作日常應用及澆灌農作物。

由此可見，灌溉水塘的引水安排與食水用水塘不同，而且也不全是水務署轄下的設施。它們在今天各有際遇，以下帶大家以文字遊覽一些較特別的灌溉水塘。

十塱

建於1955年的十塱水塘是水務署轄下的九個灌溉水塘之一，位處芝麻灣半島的東北山谷內，它的上游集水區只有芝麻灣的老人山東北山麓，不設引水道。下游左岸是芝麻灣懲教所，跟著已直接流入芝麻灣。十塱現時歸類為灌溉水塘，但四周並無大量農田開墾，它的集水區也沒有列入《水務設施條例》內的食水集水區，相關地段並未受保護。

同樣位處於大嶼山，十塱水塘卻早石壁水塘八年落成，供水系統與石壁計劃完全分開。它原本的任務，是靠海底喉管供應原水至長洲，以解決多年來長洲人常水缺的問題。及後石壁水塘和銀礦灣濾水廠相繼於 1963 及 1964 年落成，已過濾的水可沿喉管由梅窩送至芝麻灣，再經新的海底喉管供水至長洲。至此，原本十塱水塘供水至長洲和附近的村落的規劃，已無實際需要。當時十塱村附近尚且有部分農戶，水塘之水因此由漁農自然護理署（Agriculture, Fisheries and Conservation Department，時稱漁農處）引喉直接供應農戶，而不經水務署供水收費。

十塱水塘庫容量 13 萬立方米，與黃泥涌水塘及其他大部分灌溉水塘相若（庫容量大概 10 萬至 20 萬立方米左右，河背除外）。因它位置不在熱門的郊遊徑上，雖然水塘風景優美，但卻不常有遊人打擾。即使遊人至此，也希望他們合作保持它的寧謐清澈，令這個隱於城內的小小清流，不致毀壞陷落。

十塱水塘（蔡元貴攝）

紅石門

紅石門水塘落成於 1970 年，位處香港東北，面向印洲塘，壩高 25 呎，設計容量 320 萬加侖（14,547 立方米），屬於「蚊型」水塘。此水塘不經熱門行山徑，也不見經傳，水務署網頁也沒有記載，因此一向乏人問津。

它原是服務曾經興旺的吉澳島，昔日居住在島上的眾多漁民村民，一直以來僅靠水井或小山溪取水。直至戰後，漁村人口大幅增加，原本的小水源已不足以應付需求。1960 年代，理民府與皇家工兵合力由沙頭角至吉澳鋪設海底喉管。但喉管不久便鏽蝕嚴重而廢棄。有見及此，1970 年代初水務局在印塘洲一近岸、船灣淡水湖直接集水區（direct catchment）以外一個向北的小山谷興建水壩，靠其蓄水位高度提供水壓，將原水經海底喉管送至吉澳，原理跟十塱水塘供水至長洲一樣。

紅石門水塘（蔡元貴攝）

紅石門水塘原為吉澳供水而設（蔡元貴攝）

及後上水濾水廠落成，水管敷設至沙頭角公路、烏蛟騰，連接印洲塘西面山頭的食水缸，將食水經新海底喉管供水至吉澳，取代紅石門水塘。從此紅石門水塘便成為一個地景奇特、但身世乏人問津的小水潭。

河背

河背在 1961 年落成，亦是水務署轄下的灌溉水塘，庫容量較其他灌溉水塘大，約 50 萬立方米。在結構上，它跟其他灌溉水塘水壩一樣，是混凝土重力壩，但外觀迥異，為較有線條感的弧形水壩。河背的弧形水壩僅

興建中的河背弧形壩（圖片由水務署提供）

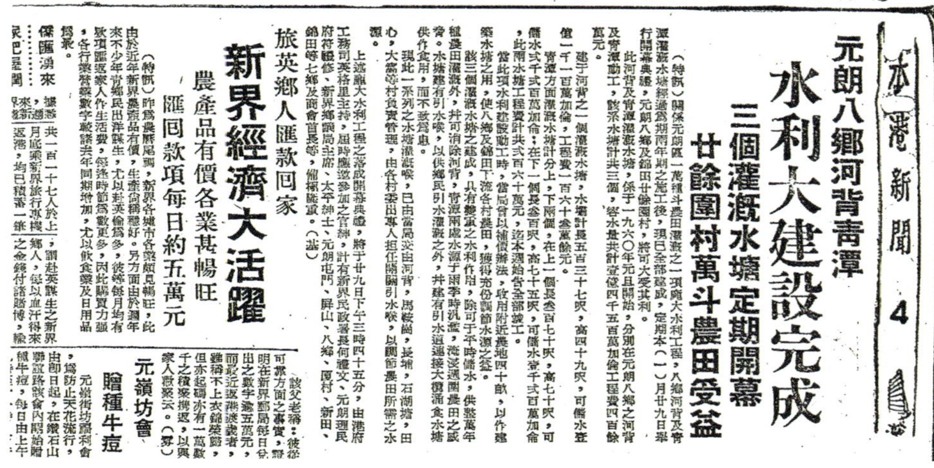

港聞 四　中華民國五十一年公曆一九六二年一月廿二日　星期一　華僑日報

本港新聞 4

元朗八鄉河背青潭

水利大建設完成

三個灌溉水塘定期開幕

廿餘圍村萬斗農田受益

（特訊）關係元朗區一萬種斗農田灌溉之一項龐大水利工程，八鄉河背及青潭灌溉水塘經過爲期兩年期之施工後，現已全部建成，定期本（一）月廿九日舉行開幕典禮，元朗八鄉及錦田廿餘圍村，將可大受其利。

此河背及青潭灌溉水塘，係于一九六〇年元旦開始，分別在元朗八鄉之河背及青潭動工，該系水塘計共三個，容水量共計壹億四千五百萬加侖工程費四百餘萬元。

建于河背之一個灌溉水塘，水壩計長五百三十七呎，高四十九呎，可儲水壹億一千一百萬加侖，工程費一百六十叁萬餘元。

青潭方面灌溉水塘計分上，下兩個，在上一個長叁百七十呎，高七十呎，可儲水弍千弍百萬加侖；在下一個長叁百呎，高七十五呎，可儲水壹千弍百萬加侖，此兩水塘工程費計共弍百六十萬元，迄本週始告全部竣工。

當此項水利建設動工時，當局曾以補償辦法，收用附近農地四十畝，以作建築水塘之用，使八鄉及錦田下流各村農田，獲得充份調節水源之益。

該三個灌溉水塘之建成，具有雙重之水利作用，除可于平時儲水，供整萬斗種農田灌溉外，并可消除河背，青潭兩處水源于雨季時汎濫，淹浸週圍農田之威脅。水塘建有引水喉，以供鄉民引水灌溉之外，并建有引水道連接大欖涌食水塘供作食用，而不致爲患。

現此一系列之水塘灌溉喉，已由當局交由河背，馬鞍崗，長埔，石湖塘，田心，大窩等村負責管理，由各村委出專人担任開關引水喉，以調節農田所需之水源。

上述龐大水利工程之落成開幕典禮，將于廿九日下午三時四十五分，由港府工務司英格里主持，屆時應邀參加之官紳，計有新界民政署長何禮文、元朗理民府符體修、新界鄉議局主席、太平紳士、元朗屯門、屏山、八鄉、厦村、新田、錦田等七鄉及商會首長等，備極隆重。（甚）

旅英鄉人匯款回家

新界經濟大活躍

農產品有價各業甚暢旺

匯回款項每日約五萬元

（特訊）昨爲農曆尾禡，新界各墟市各業頗見暢旺，此由於近年新界農產品有價，生產尚稱穩好。另方面由於週年來不少年青鄉民出洋謀生，尤以赴英倫爲多，彼等每月均有欵項匯返家人作生活費，每逢時節爲數更多，因此購買力强，各行業營業數字較諸去年同期增加，尤以飲食業及日用品爲最。

該父老稱：彼從可靠方面之事實，證明在新界郵局每日分出之數字逾五萬元，而最近返港渡歲者，雖稱不上衣錦榮歸，但亦起碼亦有一萬數千之積蓄携返，以與家人團聚云。（野）

僑匯湧來

元嶺坊會

贈種牛痘

元嶺街坊福利會，爲防止天花流行，由即日起，在鑽石山聯誼路該會內開始贈種牛痘，每日由上午

河背水塘落成的新聞報道（《華僑日報》1962 年 1 月 22 日）

是一個靠混凝土自身重力擋水的簡單版本，並非美國胡佛大壩（Hoover Dam）那類又薄又高、靠弧形混凝土與左右兩岸橫向對撐的拱壩（arch dam）。20

雖然河背水塘落成不久即又遇大旱，河床盡現，但它至今仍為周邊農田提供灌溉用水。在水塘範圍長了一片野生竹林，清幽淡雅，成為不少遊人喜愛的小水塘遊蹤路線。

古洞

古洞麒麟山有一灌溉水塘，由水塘周邊山徑的高處鳥瞰，會出現心形樣貌，因而聞名。

香港的灌溉水塘與食水水塘最大的分別，在於沒有取水塔的設計，令古洞水塘的心形樣貌沒有出現太多人工設施，成為一處獨特又浪漫的景觀。水塘在 1961 年落成，與河背和黃泥墩灌溉水塘同期。水壩約十米高，庫容量 1,200 萬加侖。水塘及後方的麒麟山山麓並非在《水務條例》下的集水區之內，它由漁農自然護理署管理運作，控制供應原水給下游農戶。當要取水塘

心形的古洞水塘（蔡元貴攝）

原水灌溉時，只需操作直接安裝在水壩上游、以及靠近壩底的閘掣，原水便能流經於興建時已埋藏在壩身的喉管，送水至下游。

滘西洲

西貢滘西洲沒有農田，但為了養育哥爾夫球場內的油油綠草，它也擁有一個灌溉水塘。水塘於1995年落成，位於滘西洲北部，由賽馬會斥資興建，令這個西貢外島有大量淡水來澆灌球場的大片草地。

滘西洲水塘庫容量44萬立方米，水壩僅得22米高，已較一般灌溉水塘大，但相對於食用水塘，還是微不足道。滘西洲水塘除了收集雨水，亦具備回收功能，盡量收集灌溉草地後回流而至的淺層地下水，以及收集島上處理過後的污水，務求把水留住島上，不斷循環再用，[21] 提高節約用水的效能。

滘西洲水塘的故事還有一個相當特別的章節，就是在建塘時，政府要求工程項目提交環境影響評估（Environmental Impact Assessment），它成為此項要求實施後興建的首個集水水塘，有關方面需要向公眾正式交代如何處理環境保護事宜。22

為何環評是建塘的一大難題？因為興建水塘時，無可避免會破壞原來地貌和河道生態，要減低影響，不但選址要相當謹慎，也須把地盤開發範圍縮減到最小。滘西洲是糧船灣海和牛尾海之間較大的島嶼，看似是一個普通的小島嶼，其實它位處內海，在地理生態上是鹹淡水交界處，可謂紅樹林育成的天堂。因此水壩的選址既要減少生態破壞，也不可完全截收所有原水的淡水水源。再者，水壩也落入《前濱及海床（填海工程）條例》（*Foreshore and Seabed Ordinance*）的法定要求，需要把工程規劃刊憲，讓公眾可就所產生的影響提出反對。結果一如所料，在這雙重要求下，保護紅樹林成為建塘最強烈的反對聲音，為此，水壩選址就更改為向上游內陸遷移 150 米，坐落在現時的位置上。

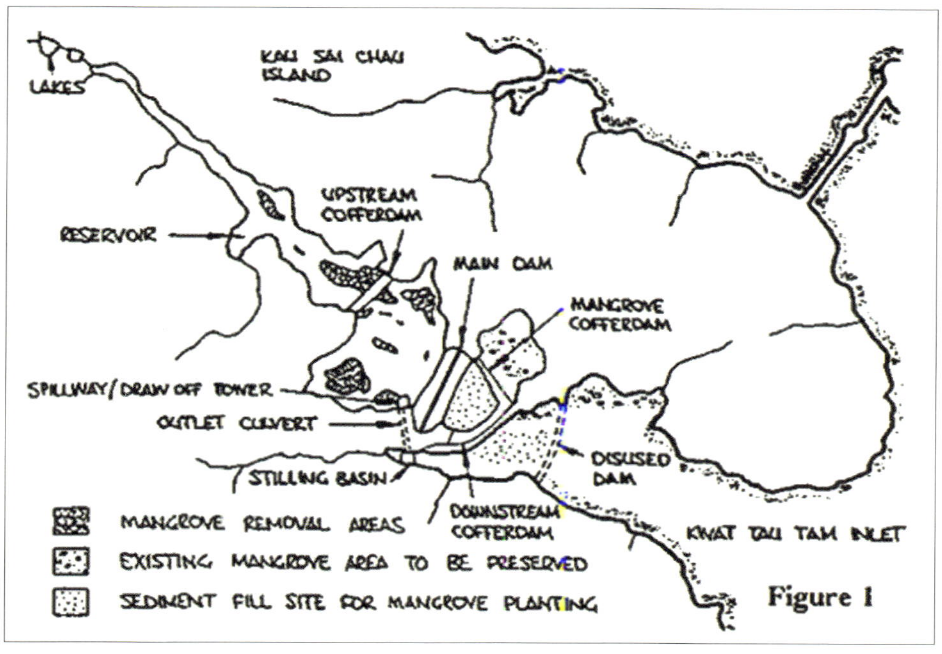

當年興建滘西洲水塘時周邊的環境狀況（D. Gallacher, J. D. Ridley [1996] Design, Construction and Environmental Aspects Kau Sai Chau Dam, Hong Kong, *The Reservoir as an Asset*, p. 83 https://doi.org/10.1680/traaa.25288.0010）

為免與當地農業爭奪徑流，它們的地下輸水隧道入水口比水壩溢流口（海拔 100 米）稍低①，即水塘在幾乎注滿時才可引水入隧道②，流入船灣淡水湖的輸水系統。如此一來，既不再以沿山腰走的引水道集水，也不會截斷山坡面流往農田的地表水③。農田有水可用的同時，也替船灣增加集水量，皆大歡喜。

鶴藪與流水響

鶴藪與流水響這兩個灌溉水塘同受水務署管轄，與其他灌溉水塘一樣向北溢流，因為大家亦坐落於山脈的北麓，農田都在北面山腳下。水壩之下裝有水管，用以接引水塘水至農田進行灌溉。

這兩個水塘經常被相連討論，它們除了是同年同地域（九龍坑山）出生，水面面積（分別為 2.87 和 3.32 公頃）和庫容量（分別為 14.5 萬和 12.3 萬立方米）相若之外，亦有地下輸水隧道相連，簡直是連體雙生兒。

據漁護署指出，23 流水響水塘落成時，西岸特意種植一列白千層，因為它生長速度快，有助抓緊泥土、避免沖刷，防止水土流失，可以保護集水區，與當時成立郊野公園廣植樹林的做法同出一轍。雖然集水區內的植林是當時漁農處（Agriculture and Fisheries Department）規劃為重點防火的保護區域（fire protection areas），在防火保護林更設有直升機坪，以便利用直升機搬運滅火器材，24 但現在的安排既防火，亦防止水土流失，可謂一舉兩得。

過了半世紀，漁護署的植樹策略也由防治水土流失，改變為提升林地生態價值和物種多樣性。2011 年漁護署再特意種植 40 多棵落羽杉和水松於白千層之外，它們不但耐濕，而且能承受間歇性水浸，適合生長於水塘邊。這種在秋冬會變色的樹，與波平如鏡的流水響水塘，成為一個美妙配搭。

剛好，流水響被選定為旅遊發展的鄉郊地點，落羽杉一轉紅，倒影水中，饒富歐陸味道的風光使人神往，所以一到紅葉季節，頓時遊人如鯽，出現「迫爆」水塘的場面。

現存廢棄水務遺蹟

水務古蹟讓人著迷之處，除了經歷多年仍風采不減，還有它背後的人文故事。例如 1868 年已關門大吉的香港造幣廠（Royal Hong Kong Mint），45 年後其位於大坑的水塘水壩仍出現在地圖上，估計該水壩應有相當規模，所以在該區未發展時也不會拆卸。若今日該水壩仍留下一鱗半爪，相信在說起日本貨幣制度師承香港這故事上，也格外有趣。

有見及此，本節會介紹一些流落在城市中的廢棄水務遺蹟，以饗喜愛都市探索的朋友。

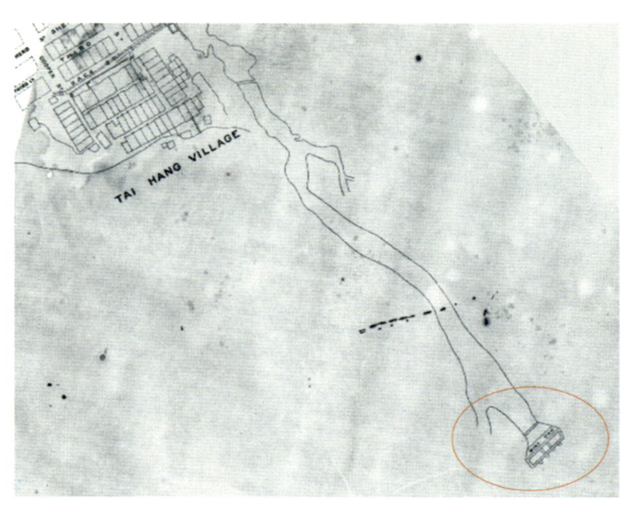

香港造幣廠的水塘和水壩在 1901 年的地圖上仍可尋，該處現為香港真光中學。（Hong Kong Historic Maps 取自 https://www.hkmaps.hk/map.html?1901）

太古水塘（1884-1977）

香港僅有少數企業擁有私人水塘來支援業務，但都只有單一的小水塘，相較於百年企業 Butterfield & Swire（簡稱太古），它自 19 世紀末在香港擁有的水塘數量，可謂「前無古人，後無來者」。太古轄下的太古糖業（前稱太古煉糖廠）和太古船塢，除了擁有廣為人知的賽西湖水塘，還有另外六個水塘，而且該集團不獨擁有水塘，還獲得區內的「水權」（water right），即政府撥地供其興建水務設施，並容許在區內進行集水和儲水。

早年港府為了盡快積聚財富，對大企業在港拓展業務無任歡迎，因為它們可提供大量就業機會，並帶來外匯、稅務及土地收入，例如牛奶公司、東方煙廠等集團，政府都會在土地和規管上作出最寬鬆而彈性的安排，太古自然也不例外。這個 19 世紀末選擇在港開設煉糖業和船塢業務的老牌英資公司，在鰂魚涌海旁、柏架山及康山一帶獲得大量土地進行發展，自行安排相關基建及獨特的索道吊車系統，又建立員工宿舍和興辦學校，創建一座自給自足的工業城。由於業務需要大量用水，是以除了購入土地興建煉糖廠及船塢外，集團也從 1882 年開始，向政府申請在山谷內撥地興建水塘。初時政府在批出土地時，更不收分文地賦予「水權」，後來在 1908 及 1910 年與太古簽訂的批地協議中，才「有條件地」批出「水權」，但都是一些低門檻的條款，如太古除了為自己業務及員工供水以外，亦必須為鰂魚涌一帶居民提供食水，並不會要求政府再另外供水。但太古早在 1882 年擁有水權，所以在此協議生效時，太古水塘早已在區內供水了。

對於在 1900 年代初大潭水塘建成不久，25 仍在四處「撲水」的政府而言，這協議可謂非常慷慨。也因為太古自行供水，差餉亦由原本的 15%-17% 扣減為 8.75%。事實上，港府為太古提供水塘用地，同時也為自己提供了應急方案：1920 年，筲箕灣出現旱情，太古便從水塘加裝接駁喉管連接政府的主喉，以提供用水，政府僅須支付有限的喉管費和水費予該公司，以紓緩地區水荒，名副其實以「江」「湖」救急。26

太古名下前後共有七個水塘；賽西湖位於糖廠以西，與寶馬山相隔；而

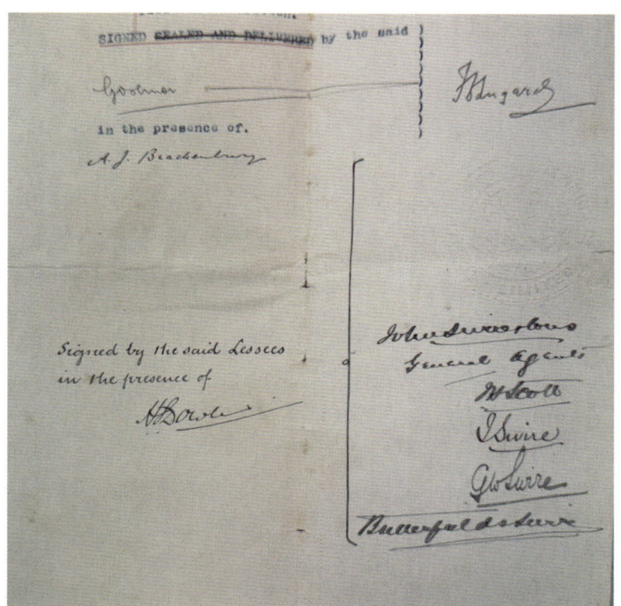

SIGNED ~~SEALED AND DELIVERED~~ by the said

in the presence of.

Signed by the said Lessees
in the presence of

John Swire & Sons
General Agents

1908 年，由時任港督盧吉（右上方）及太古施懷雅家族成員（右下方）簽訂附有供水權的批地協議。

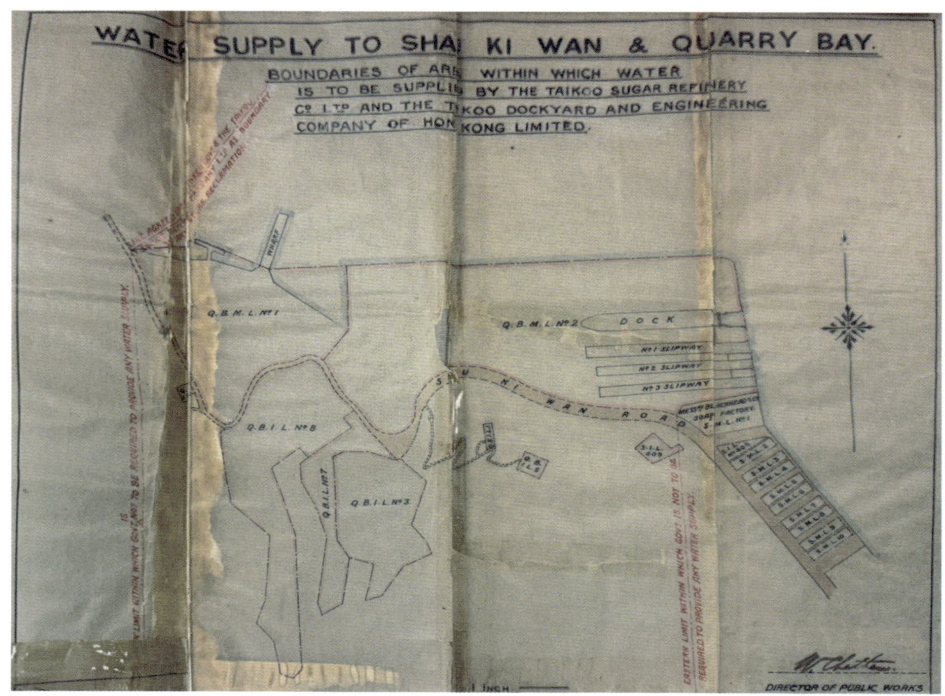

1910 年，時任港督梅含理再與太古簽訂另一附有供水權的批地協議，太古須負責在紅線範圍內的地段供水。（範圍約為現時太古坊至太古城內）

另外六個水塘正好位於糖廠以南上方山谷，即現時太古小學至柏架山的北麓山谷，因此集水區域與賽西湖不同。規模而言，賽西湖水塘開發較難，距離亦較遠，所需投資也較多。

太古擁有七個小水塘

與政府興建的水塘相比，太古興建的只能算是小水塘。這些水塘雖小，但對香港發展的貢獻也十分重要。下列太古煉糖廠先後持有的水塘，包括：

- 一號水塘位於鰂魚涌內地段 9 號，即 Quarry Bay Inland Lot（Q. B. I. L.） No. 9，土地契約年期為 999 年（1882 年起）。
- 二號水塘短暫地出現在 Q. B. I. L. No. 8 內，儲水功能為三號水塘所取代。
- 三號水塘位於 Q. B. I. L. No. 8 以南最末段，土地契約年期為 999 年（1882 年起），並擁有「水權」。於 1920 年代，政府為改善筲箕灣道而收回部分地段，太古亦將部分地段改建為工人宿舍，即目前益昌樓、福昌樓、海山樓及海景樓等位置。
- 四號水塘位於 Q. B. I. L. No. 3，土地契約年期為 999 年（1910 年起），亦擁有「水權」，在 1963 年則歸為太古船塢持有。
- 五號水塘，也就是較為人熟悉的賽西湖水塘，並不在鰂魚涌區，而是位於內地段（Inland Lot）1336 號，土地契約年期為 999 年（1891 年起），有權收集地段內的地表水，體積在七個水塘中最大，儲水量達 137,700,000 加侖，庫容量大約是早幾年落成的大潭水塘的一半。

由太古船塢持有的水塘則有：

- 六號水塘位於 Q. B. I. L. No. 11，土地契約年期為 75 年（1909 年起，可續期 75 年）。
- 七號水塘位於 Q. B. I. L. No. 12，土地契約年期為 75 年（1909 年起，可續期 75 年）。

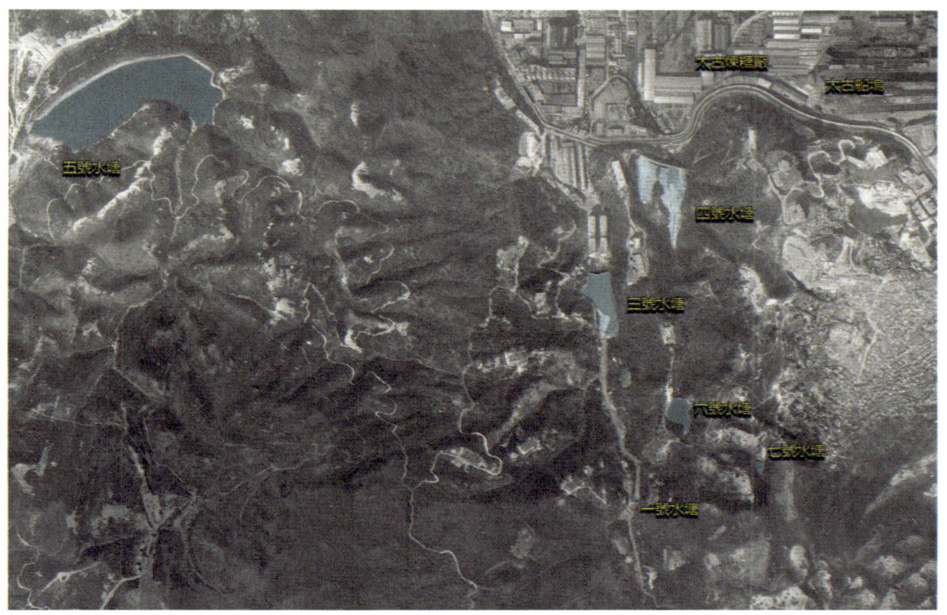

1963 年的鳥瞰圖對照六個水塘的位置，最耐人尋味的，是沒有二號水塘的蹤影，本章稍後會嘗試尋找它的芳蹤。（Hong Kong Historic Maps, https://www.hkmaps.hk/ accessed on 9 October 2024，水塘位置為作者所加）

從網上的新舊照片所見，三至五號水塘較有「水塘」規模，因為它們有一明顯的水壩橫跨溪谷和溢流道，但沒有取水塔的設備。另外兩個有「水壩」外形的建築，而又出現在地政總署 1965 年圖則中，標示為「Taikoo Reservoir」的，是現址為斜坡登記編號 11SE-A/R149 的六號水塘，以及康柏郊遊徑一段以西下方 20 米左右位置的七號水塘。從六號和七號水塘的佔地來看，兩者容量不大，且相較三至五號水塘，後建的小水池儲水甚少，聊勝於無。一號水塘雖則最小，但其位處上游，供水水壓極具利用價值。

曾經為太古供水並支援地區旱災的水塘，現已一個不留，原因要由戰後 1946 年說起。第二次世界大戰結束後，香港百廢待興，這時太古的代表不斷要求與港府官員會面，目的是游說對方回購部分水塘、所屬地段及供水權，因為集團需要籌集大量資金，一方面為重建區內的煉糖廠及船塢，一方面亦為開發在港的航空業務。然而，政府的態度並不積極，除了出於財政考慮，也因為地段涉及供水權，而供水權並非可買賣的東西。即使後來釐清了土地上的法律問題，政府認為有關地段的商業價值不高，未必能夠改為住宅地段用作徙置人口，僅四號水塘所處的地段較有潛質作學校等社區設施，其他水塘極其量只能作為休憩用途。其中最大型的五號水塘，在戰後出現嚴重滲漏，維修起來絕對勞民傷財，政府更毫無興趣收回，遑論太古建議的納入政府水務系統，即使轉為沖廁水塘也免談。

太古與政府磋商多年之後，水塘土地轉讓一事仍未有太大進展。至1960年代，太古保留最有潛力的三號水塘地段自行發展，四號水塘則在1966年填平作物業及社區發展用途；五號水塘則出現戲劇性發展，它於1966年的「六一二」雨災中發生滿溢，暴雨加上來自五號水塘的溢流，位處水塘下方山坡的天后廟道、雲景道、寶馬山道之下的排水設施均不勝負荷，導致過量洪水湧上路面，沖刷掉更多砂石，及至山腳的明園西街一帶成為重災區，汽車殘骸堆滿馬路，傷亡慘重。上述種種破壞不算是水塘的原罪，但如此一來，保留水塘一事更不可能，於是在1975年填平水塘後作物業發展。

如今一號、六號和七號水塘已隱沒在柏架山的郊遊徑中，水壩遺址及地段界石仍在，但沒有任何歷史建築評級。位於賽西湖公園內的五號水壩出水口則比較幸運，它的水管隧道口獲古物諮詢委員會評為二級歷史建築，也是本文介紹的水塘遺蹟中，目前唯一得到歷史評級、也保存得最良好的太古水塘建築。

七段水塘的前世今生

現存的一號水塘

一號水塘位於康柏郊遊徑附近，是太古早期落成的水塘，雖然其落成年份不詳，但所屬地段早在1882年已批予太古。水壩為混凝土構築物並以花崗岩塊鋪面，水壩約高20呎，現已拆除部分且填平，因此不能用作儲水。

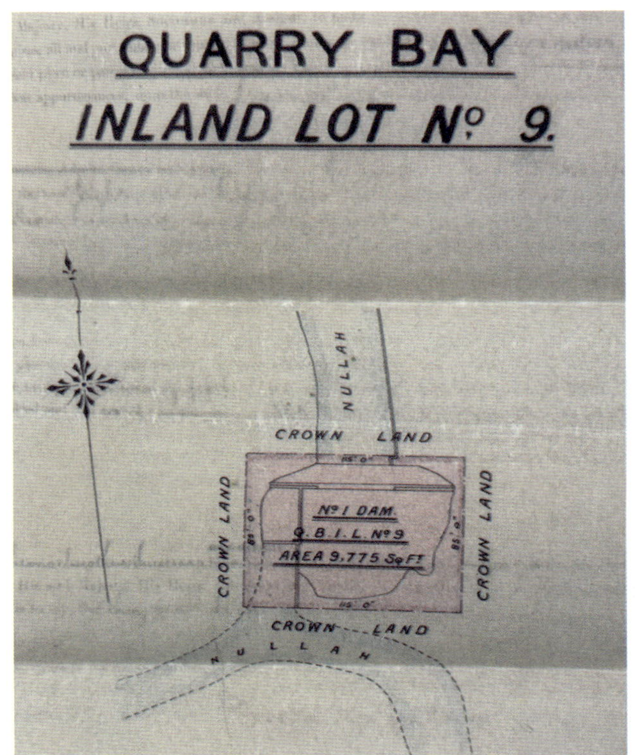

一號水塘遺址與其附近發現的 Q. B. I. L. 9 號界石及批地圖則

雖然水塘甚小，但出水喉直徑最大至 12 吋，大大減少喉管阻力耗損水壓，喉管由山上往下一直鋪設至糖廠範圍，相信除了水量之外，還可利用水壓來推動水力渦輪，以產生動能加以利用。後來在中段還設有生鐵水缸，應為方便將水簡單消毒，然後利用重力自流原理，供應在筲箕灣路以南山坡上的建築物使用。該些出水喉及水缸現在還殘留在行山徑旁。

消失的二號水塘

要尋找消失的二號水塘，要先從太古於 1882 年購入、並擁有水權的兩個地段說起。

1882 年，太古購入當時稱為鰂魚涌海旁地段一號（Q. B. M. L. No.

1）的用地，並附有供水權。該地段為長條形，由海旁一直至南面一條大溪流，包括延伸上山前的平地及沼澤。後來公司在該地段內筲箕灣路以南（即後期改為 Q. B. I. L. No. 8 的地段）的溪谷深處興建了一個圍堰，在其後方形成了一個水坑，以收集地表溪水，支援糖廠運作——時任量地官裴樂士稱之為「to make a pond for their sugar refinery」——並填平下游附近沼澤地，減少蚊蟲滋生，以改善工人健康。但由於糖廠業務發展迅速，一號及二號水塘不敷應用，太古遂於 1888 年向政府再次申請在水坑的上游加建一個更大的水壩，以儲存更多用水，該水壩亦即是後來 1889 年建成的三號水塘。

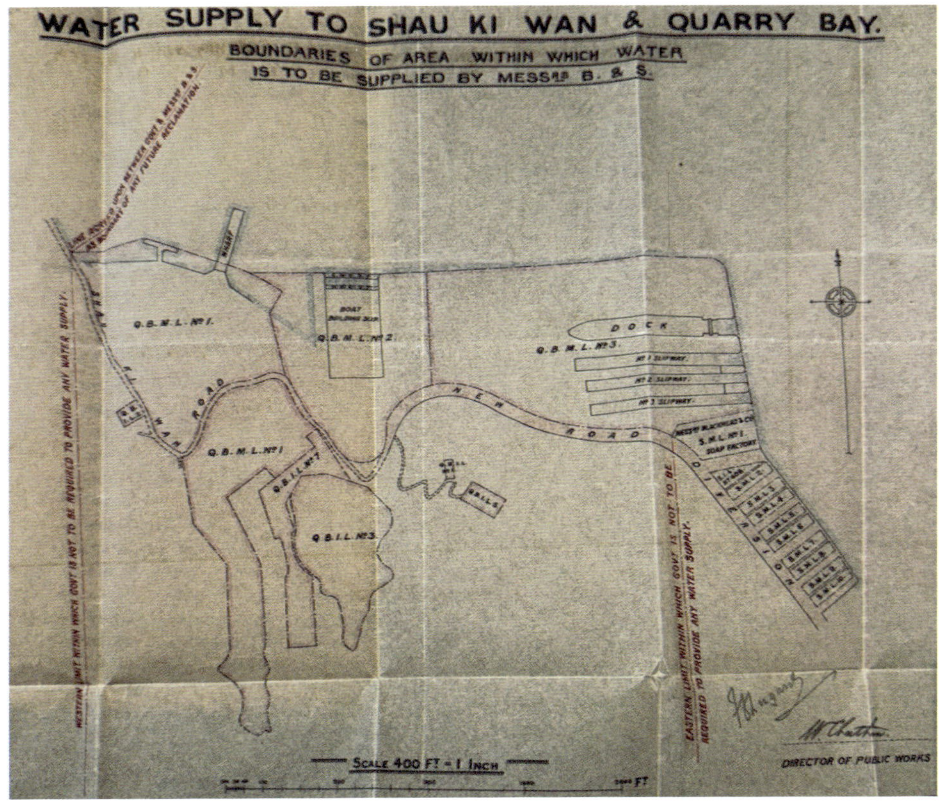

早期的 Q. B. M. L. No. 1 批地圖則

照片標注為「下水壩　建於1884」，與二號水塘的資料吻合，它就是消失的二號水塘嗎？

三號水塘的水壩位置，便在二號水塘上游不遠處，因此二號水塘水源被截，運作數年後隨即被三號水塘所取代，最終亦消失於太古水塘名單之中。只能在戰前的航空照片，還隱約地觀察到一建築物，橫跨在三號水壩以北不遠的位置之上。

已發展的三號水塘

根據當年資料，1888 年初太古去信政府，計劃將新水壩興建為 45 呎高，並擴大出水喉直徑至 4 吋。由於 1882 年時任港督軒尼詩批出 Q. B. I. L. No. 8 用地及賦予「水權」時，並沒有將「水權」引申的利益考慮在內，因此面對此番申請，政府內部經反覆討論後，最終同意太古將新水壩加高至 60 呎，但出水喉管直徑則保留為 3 吋，以免該系統可以大量取用儲存的淡水，同時還要求太古在政府有需要時，可從新水塘供水給公眾使用。此項安排構成了上文提及政府在 1910 年代批地協議中，要求太古為鰂魚涌一帶居民提供食水的基礎。始終不同高度的水壩所構成的水塘面積有所不同，裴樂士未能及時計算出批地面積及應收地租，一度引來時任港督德輔爵士（Sir William Des Vœux, 1887-1891 在任）不滿，最終三號水塘仍得於 1889

年落成。

三號水壩的外形從平面圖觀察呈 V 字，以尖頂指向上游。從現存網絡上的相片觀察，水壩應該是混凝土重力壩，溢流位置位於壩頂。三號水塘之上山坡，可以在康柏郊遊徑附近見到的筆直及有麻石鋪砌的水道設施，都是用來加快收集水塘上游山坡的山水至各太古水塘。由此推斷當時糖廠的耗水量甚大，並需要盡快補給原水。這裡的引水道與水塘處於同一山谷，屬「直接集水區」（direct catchment）範圍。至於 1894 年建成的五號水塘庫容量最大，因此部分三號水塘集水區內的地表水，被轉引至五號水塘，該已廢棄的引水道，現在還遺留在山坡上。而工務司署興建的柏架山上引水道和柏架山下引水道，27 與這些私人水塘所處的山谷不同。換言之，這裡並沒有出現公、私營機構「爭水」的情況。

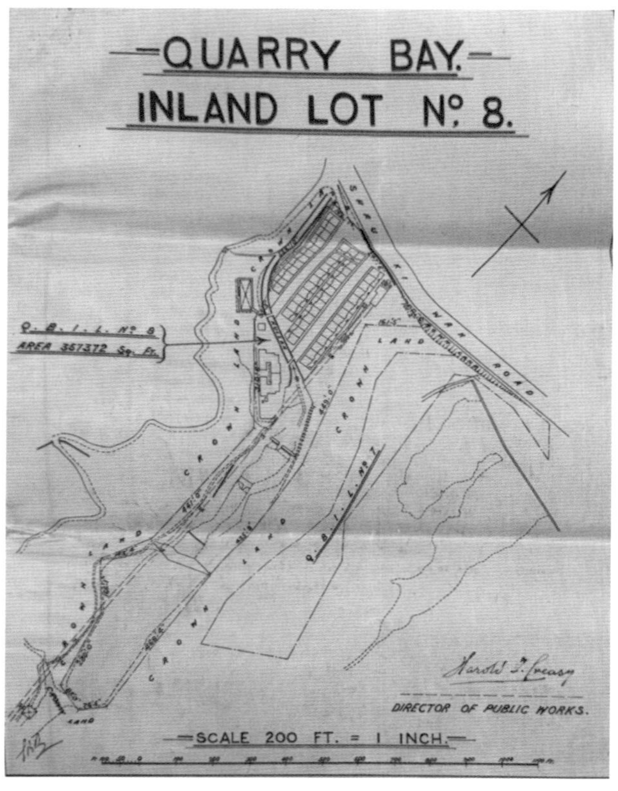

1932 年時的三號水塘批地圖則（Q. B. I. L. No. 8）

因吊車中段路線緊貼三號水塘，因而留下不少吊車橫越水塘的美妙影像。

從山上向吊車下方望到的三號水塘（山谷中央一小片白色位置為水塘所在）（Photograph by G. Warren Swire. Image courtesy of John Swire & Sons Ltd. and Special Collections, University of Bristol Library）

三號水塘終在1980年代被填平，並改建為現時的私人住宅康景花園，以前用作控制水塘出水的轉輪（俗稱塘環），現仍留在附近的山坡上。

已重新發展的四號水塘

四號水塘為太古其中一個最早期的水塘，在1893年落成，庫容量6,250萬加侖，主要為糖廠供水，為糖廠的第二大水塘，戰後仍然繼續運作。隨著政府在1950年代末展開船灣淡水湖工程，至1963年落成之後，透過北角糖水道上岸的海底喉管，將食水源源不斷地送往鰂魚涌及筲箕灣一帶，四號水塘卻變得可有可無。最終太古在1963年將之撥歸船塢，並填平作太古漢文學校（現稱太古小學）及員工宿舍太明樓及太吉樓。其後於2002年，太古小學再搬遷至現時太古地鐵站旁位置，而前身為四號水塘處，則發展為私人屋苑逸樺園及鰂魚涌社區綜合大樓。

已建成但尚未蓄水的四號水塘（相片標示為1892年），上游水壩面完整露出。遠眺還能看到飛鵝山。

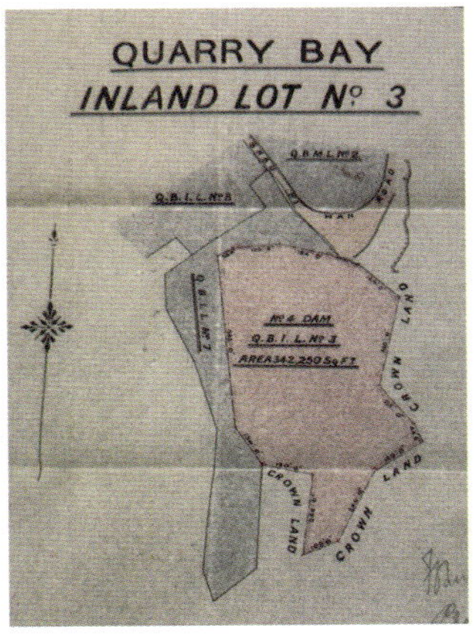

四號水塘的批地圖則及其 1958 年的模樣（照片經過除瑕修飾，刪去被塗劃的部分），水壩為混凝土重力壩，壩頂上的長條形缺口為溢流位置。

已發展的五號水塘

五號水塘也是太古其中一個最早興建的水塘，更是最具規模、最龐大的一個。它的特別之處，明顯在於位置上，並不在太古糖廠對上的山谷，而是在寶馬山北面的開揚山坡之上。水塘正式稱為 Braemar Reservoir，或可譯為「寶馬水塘」，自水塘建成儲水之後，山水景色渾然天成，時人認為美景堪比杭州西子湖，因此得出「賽西湖」一名，此名稱更為普及並一直沿用至今。從等高線觀察，五號水塘較像在山腰的小平地堆土築壩而成，因此水壩看似天然山坡的一部分。水塘之西岸建一混凝土水壩兼作溢洪道（現為賽西湖商場）。舊照片中水塘北岸的水壩下方，就是古物諮詢委員會稱之為「舊太古糖廠七姊妹水塘五號水壩水管隧道口」的構築物。從同一 1966 年的地圖可看到，這水管是以穿越山坡的形式鋪設（俗稱「過山烏」），沿著寶馬山北麓，以重力自流將原水送至廠房。

1966 年「六一二」雨災之後，無論水塘由太古保留，或由政府接手管理皆不可行，終於在 1975 年被填平後作物業發展，成為今天的賽西湖公園及賽西湖大廈，而昔日五號水塘的水管隧道出口，就在公園之內。

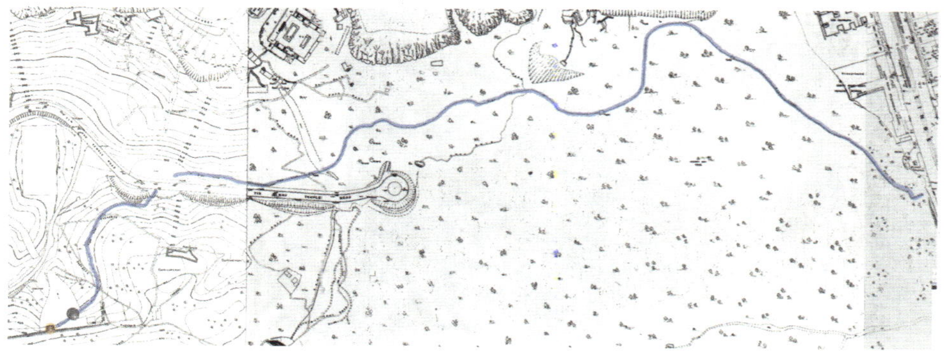

以「過山烏」形式鋪設的水管「pipeline」以藍色標示，橙色標示為舊太古煉糖廠七姊妹水塘五號水壩水管隧道口。（Hong Kong Historic Maps, https://www.hkmaps.hk/ accessed on 9 October 2024）

賽西湖水塘（五號水塘）尚在建築時的上游壩面出水口，其入水口築在水壩之基部，儲水後會浸沒在水塘之中。

1963 年的五號水塘

五號水塘的水管隧道出口，現為二級歷史建築。

現存的六號及七號水塘

六號及七號水塘，業權屬太古船塢，為太古最後興建的兩個水塘，位於現今康怡花園B座對上的山林。兩個水塘用地在1909年批出，為期75年。這兩個水塘庫容量甚小，六號水塘連接下游的四號水塘，而七號水塘只為太古在山坡上的物業供水之用。隨著戰後政府供水網絡逐步延伸至鰂魚涌一帶，而批地期限又漸近，太古於是放棄了這個水塘並將土地歸還給政府，如今成為郊野公園的一部分。

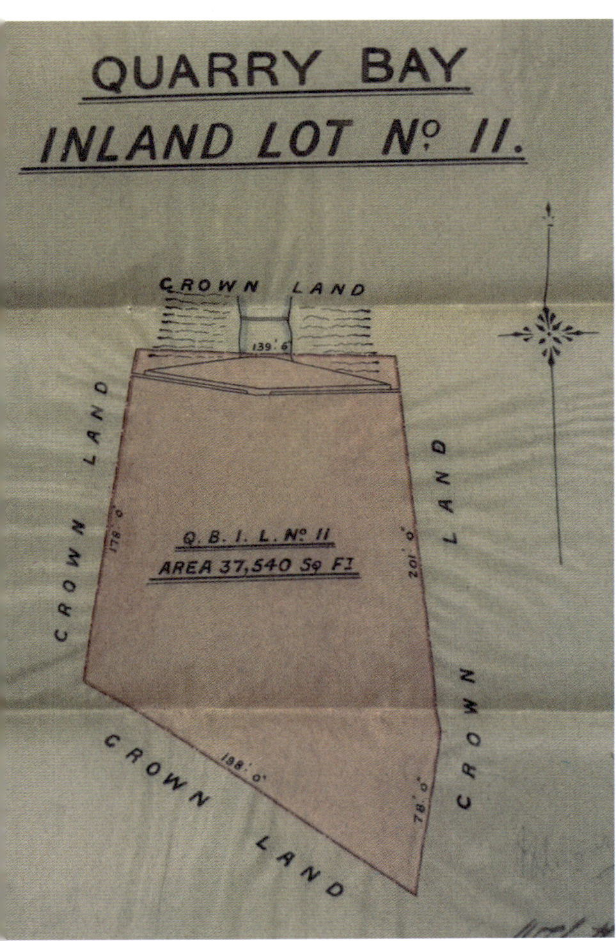

六號水塘遺址、其附近發現的Q. B. I. L. 11號界石及批地圖則

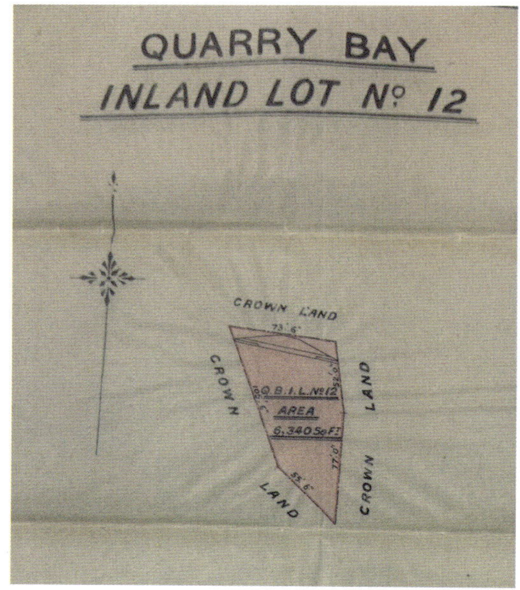

七號水塘遺址、其附近發現的 Q. B. I. L. 12 號界石及批地圖則

參考資料：政府檔案處

HKRS58-1-90-33 IMPROVEMENT OF SHAUKIWAN ROAD AT QUARRY BAY - PROPOSED TRANSFER OF PORTIONS OF Q. B. I. L. 8 TO GOVERNMENT AND GRANT TO MESSRS. BUTTERFIELD AND SWIRE OF AN ACREA TO BE RECLAIMED BY GOVERNMENT EAST OF Q. B. I. L. 4

HKRS58-1-6-2 QUARRY BAY MARINE LOT NO. 1- REQUEST PERMISSION TO BUILD A DAM AT - FOR PURPOSES OF A RESERVOIR.

HKRS265-11D-3142 Q. B. M. L. NO. 1-AGREEMENT

HKRS265-22A-334-1 I. L. 1406, R. B. L. 63, R. P. & Q. B. M. L. 1, R. P. - LEASE (WITH COUNTERPART)

HKRS265-22D-107-1 FOR THE SUPPLY OF WATER TO QUARRY BAY-AGREEMENT

HKRS265-22D-107-2 FOR THE SUPPLY OF WATER TO QUARRY BAY-AGREEMENT

HKRS59-4-88-101949-1958 CONTAINS: - QUARRY BAY INLAND LOTS NOS. 1-15

HKRS287-4-1 WATER RIGHTS AT TAIKOO -1. CORRESP. RELATING TO BUTTERFIELDS & SWIRE ...

HKRS287-4-2 WATER RIGHTS AT TAIKOO - CORRESP. RELATING TO BUTTERFIELDS & SWIRE

HKRS287-4-3 WATER RIGHTS AT TAIKOO BRAEMAR RESERVOIR

佐敦谷（1961-1981）

當年開發觀塘，生活用水增加，港府思前想後幾十年，終於要面對開拓海水水源作沖廁用水這個一世紀前提出的方案，佐敦谷由此而生。當時水塘的設計非常創新，既儲蓄海水亦收集山水雨水。奈何周邊發展太快，水塘急速受污染和砂泥淤積，最後迫使停用，進而變為堆填區，現存壩身仍清晰可見，但未獲任何歷史評級。

佐敦谷的儲水由裝設在前啟德機場跑道旁的水泵抽取海水得來（圖片由水務署提供）

馬游塘（1961-1984）

與佐敦谷同為雙生兒，其服役年代、用途、面對的危難及停用原因，都完全相同。再追溯至海水的供應源頭，位於海濱道附近的觀塘海水泵房，亦受工業區排放的污染物及垃圾所困擾，導致機器經常停運並需要頻密維修。種種反映出，若供水設施追不上變化，或沒有安排合適的保護，基建將會何等脆弱。

如今馬游塘原址為將軍澳隧道前收費廣場。

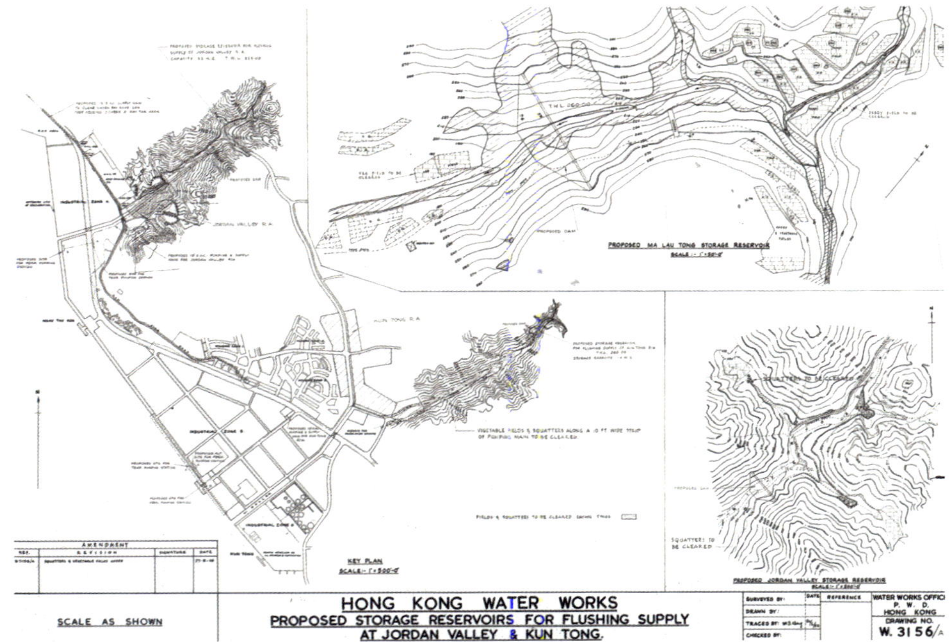

佐敦谷及馬游塘水塘圖則（圖片由水務署提供）

啤酒廠水塘（1930 年代至今）

不少周遊列國的飲食男女都會發現，同一品牌的飲料，在不同的地區味道會略有差異。部分成因是出於配方或因應當地人口味作微調，但最重要者在於水源。一些特別愛感受異地水土的遊人，必定會品嚐當地的啤酒，畢竟釀酒事業總與當地水源有密切關係，香港的酒廠自然也不例外。香港啤酒廠有限公司（Hong Kong Brewers and Distillers Ltd.）於 1933 年在深井開設廠房，打算先發展本地啤酒，繼而進軍烈酒市場。當時深井尚未發展，亦未開始大欖涌水塘的勘察工作，因此自設一個供水穩定、水質清澈的供水點，是成功的前提。香港啤酒廠，亦是香港當時唯一大型釀酒廠。

剛好廠房後方有一個又直又長的山谷，只要在廠房對上大約 250 米處修建一水壩，便可以蓄山水釀酒。可惜酒廠生不逢時，其投產後遇上外匯衝擊，英國運來的啤酒竟可與本地啤酒同價，令酒廠難以經營，直至 1935 年，

1964 至 1982 年，水塘仍清晰可見（https://www.hkmaps.hk/ accessed on 9 October 2024），但至 2024 年已無水影，而主壩和過河喉仍依稀可辨。過河喉是大欖涌系統下由大欖涌送原水至荃灣濾水廠的喉管。（https://www.hkmapservice.gov.hk/OneStopSystem/map-search?locale=zh_hk / accessed on 9 January 2025）

走上清盤一途。但在 1936 年，原酒廠董事長律敦治成立了一間新公司，名為 Hong Kong Brewery and Distillery Ltd.，28 從清盤官接手繼續經營，延續至 1948 年，29 最後賣盤予菲律賓商人主理的生力啤酒。

九龍三座石橋

自從前深水埗配水庫曝光後，水務署安排了導賞活動，讓公眾對九龍供水計劃及重力自流系統加深認識。在本書第一章之〈傑斯和記錄時代交替的九龍水塘〉一文中，簡述了由九龍水塘至九龍的供水路徑。但在現實中，由水塘供水至客戶，途經至少三座石橋：第一和第二座位於橫跨九龍副水塘下游的荔枝角河谷，以及進入大埔道濾水廠前的小溪，原安放 18 吋水喉，將九龍水塘原水送至沙濾池過濾；第三座安放 18 吋水喉（地圖顯示距離 27 米），橫跨呈祥道和大埔道爾登華庭之間的山谷，負責運送食水至九龍的用

從上圖戰前影像所見，兩橋墩上已沒有水管，相信在九龍重力自流系統建成後不久已改道。（圖片由李澤恩先生提供）如今古橋墩（下）曾被加上橋面，現仍架於兩墩之上。（陳學良攝）

戶。三座橋以石製橋墩，水泥橋面以鐵條（steel girder）承托。橋身窄，只放水喉，不供人或車用。因水管早年已改道，只剩下橋墩，一度被加上橋面，但如今已荒廢，隱匿在山林間，標記九龍供水歷史最重要的一章。

註釋

1 作者按：二號水缸位於太平山區，水由薄扶林水塘輸水道供應，現址為堅道花園位置，毗鄰醫學博物館。現在的水池巷就是昔日通往二號水缸的小路。水池主要供水給太平山區普慶坊一帶居民。

2 舊圖則中通常標注的是「cement concrete」，其中 cement 指英泥，concrete 是混凝土，但混凝土本身就是水（water）與英泥（cement）和砂石（sand / aggregate）按比例調配出來的人造物料。

3 一般的手拌混凝土大概用一份英泥：兩份幼砂：四份砂石（gravel），水會再小心調較比例並均勻加入，使英泥產生化學反應，將所有成分緊緊黏著為一體。若果砂石所佔的比例越大（如 1：2：6），即每立方米混凝土內的砂石相對多，英泥與水產生的化學作用的體積相對小了，混凝土的強度亦會下降。相反，砂石所佔的比例較小（如 1：2：3）。

4 1930 年代以後，配水庫興建時會在地板之下預先鋪設排水管（drain pipe）和排水層（drainage layer），用以收集從配水庫漏出的水，並帶到配水庫外，來量度滲漏量，從而得知它的整體防水狀態。及至現代的配水庫，地板之下的排水管多呈魚骨狀，適當的設計下可從配水庫外的排水井（rodding pit）內觀察水流，並追查到大概是哪區域的地板滲漏嚴重，從而得知該如何維修。

作者按：另外，兩層地板防滲方法一直採用至 1980 至 1990 年代，但進入現代時空，新建的配水庫直接以單一一層厚地板的方法興建，地板之下鋪設了塑膠布，施工縫也有填縫膠（joint sealant）這兩種具良好防水性能的建築物料可用，既能提升防滲性能，也大大縮短興建時間。

5 香港一般水管網絡是以攝氏 20 度為設計運作溫度。

6 現代通風井，既要不阻礙空氣交流，也要防止昆蟲動物藉此進入水庫。在 2022 年深水埗區錄得多宗類鼻疽個案後，水務署亦因應專家要求，在通風井內額外安裝 HEPA 濾膜，以增強保護。

7 相信在填平之前曾出現過 Albany Barracks，而稱該處為 Albany（雅賓利）。1859 年由總量地官繪製的地圖 Plan of a Portion of the City of Victoria Hong Kong 在該地域附近標示有 Albany Barrack。地圖收藏於 UK National Archive，hkmaps.hk 網站刊載。

8 現時的配水庫設計，當外牆埋藏在山體時，必須築有垂直排水層。

9 *Minutes of the Proceedings of the Institution of Civil Engineers*, Vol. 73, Issue 1883, 1883, pp. 1-33, "Covered Service Reservoirs", by William Morris, M. Inst. C. E. (of Deptford), Institution of Civil Engineers, part 3.

10 工務司 1925 年度報告第 193 段。

11 1851 年 12 月 28 日，中環下市場一帶發生大火，火災過後遺下大片灰燼瓦礫，時任港督文咸爵士（Sir George Bonham, 1848-1854 在任）直接把它混合其他物料，在原地進行填海，工程由陸軍中將乍畏（William Jervois, 1782-1862）指揮。完成後，新地段命名為文咸東街（初名文鹹東街），而修復後的蘇杭街則命名為乍畏街。

12 Sanitary Condition of Hong Kong, *The London and China Telegraph*, 13 September 1860.

13 同上注。

14 同上注。

15 寶寧因「裕成辦館毒麵包案」，身體狀況大不如前，並於 1859 年離任。

16 *The Hong Kong Government Gazette*, 26 November 1859.

17 Francis Cooper, *Report on the Water Supply of the City of Victoria and Hill District Hong Kong*, Public Work Office, 1896.

18 Accounts and Papers, Vol. 21, The House of Common, 24 March 1840, p. 48.

19 由於軍需局在 1855 年已解散，當年政府可能是購入部件存貨後自行組裝。

20 河背和九龍水塘的水壩為弧形壩，但其構造並非美國胡佛大壩的拱壩（arch dam），拱壩有不同的設計和結構，惟前述的兩個香港水壩僅為形狀上為弧形，結構上仍和直壩相同。

21 哥爾夫球場灌溉用水量大，如用食水來澆淋草地會耗費大量社會資源。自行開拓水源也是營運球場的挑戰，清水灣鄉村俱樂部（即哥爾夫球場）甚至有用海水化淡技術來提供灌溉用水。

22 《環境影響評估條例》在 1996 年立法局首讀，1997 年通過，1998 年執行。之前並非以法例執行，只屬行政要求。

23 香港郊野公園，我在流水響上班（短片），Facebook, 12 January 2022 (https://www.facebook.com/hongkongcountryparks/videos/1300690107024054/), accessed on 9 October 2024。

24 Director of Agriculture and Fisheries Department, *Annual Departmental Report 1968-1969*, para. 265.

25 根據文獻記載，太古的水塘亦由陳亞東所建，完成了幾個水塘之後，他再負責黃泥涌水塘工程，繼續以花崗岩及混凝土來興建水壩的任務。

26 Official Record of Proceedings, 24 June 1920. Hong Kong Hansard.

27 柏架山上引水道引水流至大潭上水塘，而柏架山下引水道引流至大潭篤水塘。以大潭水塘群來説，這兩條引水道收集「間接集水區」，即水塘水面上方山坡之外的集水區，而得來的地表水。

28 根據當年報道，律敦治於 1936 年是以 H. Ruttonjee & Son 公司的名義代理香港啤酒廠的酒類，但由 1937 年開始，才以 Hong Kong Brewery and Distillery Ltd. 名義回收香港啤酒廠的酒樽，並控告一名華人以香港啤酒廠的酒樽盛載醬油出售行為有侵權之嫌。相信律敦治由 1937 年起才用新的公司名義繼續經營香港啤酒廠。

29 律敦治的酒廠當年對深井社區的發展影響深遠，除了提供職位，改善社區經濟，還進行了不少農業實驗。為了方便管理業務，他還在酒廠附近興建別墅式私人住宅 Homi Villa，大宅外牆採用白色，區內人士暱稱為「白樓」。政府在 1973 年購買該物業，成為時任財政司夏鼎基爵士（Sir Charles Philip Haddon-Cave, 1925-1999）的宅第，到 1995 年改裝成機場核心計劃展覽中心，介紹「玫瑰園計劃」。該物業目前由國史教育中心使用，改稱為「悠悠館」。

幽微的水務遺事

香港供水故事就是一本香港史，要說的實在太多，一些重要的章節無奈被輕輕帶過。在此把這些艱難的日子好好記錄一下，水務故事才能像水一樣，自古水道這歷史的起點，引流到今天時間線的節點上。

日佔時期供水狀況

1941 年，香港無奈被捲入太平洋戰爭，經過 18 天的香港保衛戰，守軍敗北，至此香港開始了三年零八個月的淪陷歲月。在不少現存歷史記錄中，物資匱乏、餓殍遍地是當時日軍鐵蹄下的生活日常，但水務情況卻鮮有像其他資源，惡化成生活難題。究其因由，或因香港早年供水長期不穩定，所以問題久成習慣。相比之下，市民對糧食和其他日用品的不足更為上心。然而，這並不表示日佔時期的供水一切正常，危城之下，水務的設施和管理，難有僥倖。

距日軍攻港的三數年前，亞洲區已是戰雲密布，大量難民南下。在這時期，工務司韓德臣及其繼任人、和他關係親如師徒的包華士，正致力將水務的資源和管理，獨立於其他工務基建發展，並把管理「現代化」，是以於 1938 年修訂 1903 年的《水務設施規例》中，除了訂立水喉匠持牌制度，把維修質素和用料規範化，最重要的是增加收費的渠道，如徵收按金，以及一改以往免費卻籠統的整幢樓宇計算用量方式，而是需要用戶於每樓層設立水錶，並按個別住戶的用水量收取費用。在翌年更成立財政獨立的水務局，把部分收取的費用設立「更新與改良基金」（Renewal and Improvement Fund），以應付日後水務工程龐大的開支。1

與此同時，包華士亦宣布開展水務設施保護工程，以防一旦受到空襲，也可把破壞減低，並保障水塘員工的人身安全，因為有水務局職員在場，才可確保供水設施能得以啟動。於是戰時的防護工程，包括在港島大潭篤、薄扶林一帶的抽水站，以混凝土興建 Splitter Proof [2] 及堆放沙包，在石梨貝及城門設立防空洞及壕溝，以及在管理中心堆放沙包，又更換九龍醫院一帶的水管。[3]

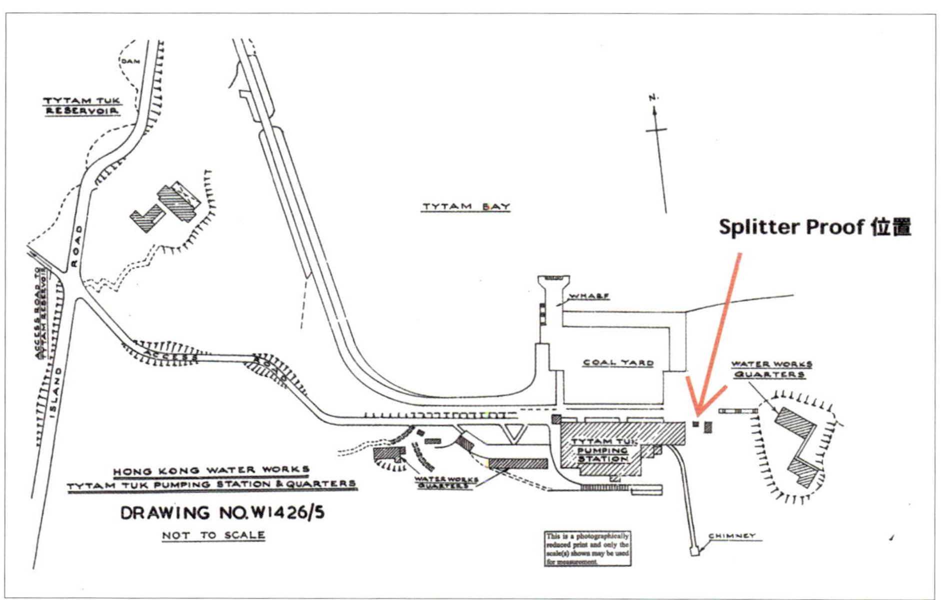

大潭水塘 Splitter Proof 位置（圖片由水務署提供）

石梨貝水廠已封上的防空洞（圖片由水務署提供）

儘管未雨綢繆，在戰火之下只是徒然。一旦香港淪陷，所有供水設施自然落入日軍控制區內。1941 年 12 月 21 日，縱然大潭篤抽水站沒有被炸毀，但駐站的英籍看守員（Overseer）Jack Sydney Flegg 和 Donald Davidson、華工 Chan Sai-so 和宿舍廚師 Wong Sum 被日軍囚禁。由於進攻大潭的是日軍最殘酷的 229 部隊，甚少留活口，於是在 23 日早上，便把兩名英籍人員帶到海邊殺害。4

這些軍人本來對抽水站內鍋爐和蒸氣機的用途一無所知，把水務局的人員殺害及囚禁後，鍋爐亦因無工人添加煤炭而停止運作。5 結果，大潭水塘群的水不能再泵至雅賓利沙濾池、寶雲道沙濾池和東區濾水廠，而黃泥涌水塘供水有限，整個中區至跑馬地的供水亦陸續中斷。此時維多利亞城只剩下薄扶林水塘及香港仔水塘設施尚未落入日軍手中，故西區一帶仍保持供水。以往香港因雨量不足，經常需要限制供水時間，諷刺的是，戰時水塘缺的不是水，偏偏是驅動水泵泵水的能源和知識。

由於港島大部分地區供水在設施毀壞後中斷，日軍重開公眾街喉供市民免費取水。然而，不少人會從仍運作的水井取水，可是黑社會人士也乘機斂財，不但派人守著水井，向前來取水的人索取金錢，甚至霸佔日軍開放的水

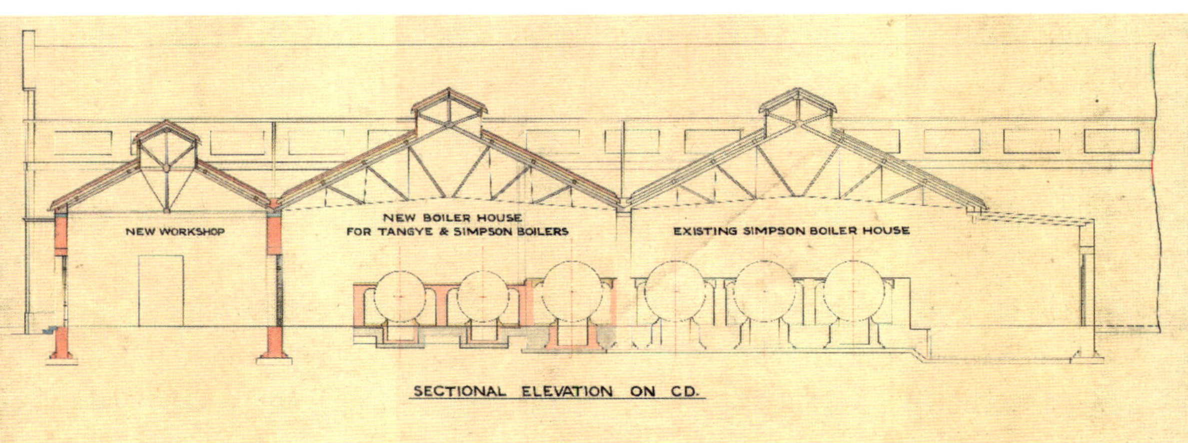

大潭篤抽水站的鍋爐位置（圖片由水務署提供）

龍頭公然賣水。6

另一方面，石梨貝及油麻地配水庫受到嚴重損毀，但九龍的供水主要靠「九龍重力自流供水計劃」和「城門谷供水計劃」兩個系統，兩者都由位處高位的水塘引流至山下的市區，毋須額外動力，讓九龍的供水僥倖地得以維持。

香港淪陷後，日佔時期的當權者已非明治時期仰慕香港文明的日本人。軍人當政，行政經驗與文人政府迥異，技術人員欠奉，進駐港督府後，香港佔領地總督部的行政架構也頗為簡單。當中水務部門雖然由日軍總督部接管，但實際上仍由本港水務工人維持運作。可惜當時不少英籍歐籍人員被關入拘留營，包括時任工務司包華士，7 有些甚至被殺，相關的運作知識無人應用， 再好的水務設施也無用武之地。

台灣拓殖株式會社的水務管理

其後，軍政府逐步實施水務管理，包括頒布《香港警察犯處罰令》，訂明「濫行將公共水栓開閉者、污穢供飲用之淨水或妨害其使用又障礙其水路者」，最高可被監禁三個月或罰款 500 圓。8 另外，又委託他們信任的「台灣總督府外事部」，為香港的供水設施作調查，日佔台灣政府遂派遣「台灣總督府內務局土木課」技師（即工程師）原賀昂來港調查。

原賀昂，1923 年畢業於台北科技大學，是日佔台灣的水務工程專家。但他在 1942 年 1 月獲委託進行調查，同年 5 月《香港水道調查報告書》即告面世，短短四個月完成的全港水務設施調查，看似效率極高，但仔細研讀，不難發現內文主要以日文撰寫，其地名、圖則及部分列表，卻維持英文而非漢字，加上發現當年的相關工務司署水務報告文件，被寫滿密密麻麻的台式華文工程用字，相信很多內容，其實是出自戰前的工務司署年度報告，或由訪問本地員工的內容撰寫而成。

日佔台灣的自來水系統工程技術，是由蘇格蘭人巴爾頓（William Kinninmond Burton, 1856-1899）引進，作為這位英國水務專家的徒子

《香港水道調查報告書》（圖片由水務署提供）

2. Fixing of Deacon Waste Detection M

188. Meters were fixed as follows :—

Area No.	Size and Location of Meters.
1	6″ at Elliot Filters on main to Kennedy Town ..
2	3″ at Elliot Filters on main to Hok Sze Terrace..
3, 4	6″ on path to Elliot Filters near Pokfulam Road pumping station ....
5	6″ in Queen's Road at Whitty Street ....
6	6″ in Queen's Road at Sutherland Street ....
7	6″ in Bonham Strand at Morrison Street ....
8	6″ in Queen's Road at Wing Wo Street ....
9	6″ in Queen's Road at Pottinger Street ....
12	6″ in Albany Road near Botanical Gardens ....

舊水務報告寫上密密麻麻的中文字，而「唧筒室」則為日佔台灣對泵房的稱謂，相信這些文稿與原賀昂的水道報告調查工作有關。（圖片由水務署提供）

徒孫，原賀昂對是次的調查也有所期待：

> 英國將香港作為榨取東亞之據點，在100年的時間裡孜孜不倦將

其建設成為近代化的大都市。一直以來這一情況都不為我國人所知，而今我們將這些策略盡數呈現在世人面前。9

結果也沒有使他失望，但報告中，他並非力陳英國人如何榨取香港，而是表達對英式水務工藝技術及管理的拜服之情：

……回顧了英國80年水道設施的歷程。而後，就每個設施以日本的技術進行了改良和改建。根據整體計劃，在地形十分困難的香港島上，克服了疏通水路上的不利和不便，對大城市香港的100萬市民，完成了供水的使命。此處展現了技術的優越性，特別是為了彌補水塘集水面積過於狹小，而建造了蜿蜒數十英里的集水水路，由此可以有效利用雨水，效果頗佳，這些事實對於水道計劃也有諸多啟發之處。

過去的一個世紀，英國政府遇到很多困難，並認識到香港水道經營的重要性，從本國派遣了很多優秀的技術者，使得水道事業取得了較大的發展，效果良好。10

相信原賀昂所指的，就是谷柏的山頂及半山供水系統。

值得注意的是，這次的水務設施調查，協助的成員包括台灣拓殖股份公司17名技師（即工程師）以下級別的管道技術員，以及台灣拓殖株式會社廣東自來水管理處長山木技師。其後香港的水務設施，正正交由台灣拓殖株式會社（台拓）營運。11 是以這次調查，很大機會也是一場工作交接的過程。

軍方把佔領地的水務及其他公用事業交由台拓管理，是其一貫的做法。1939年，廣州淪陷，日軍以「委託」形式，著台拓緊急搶修毀損的市區自來水管線及供電設施。由於台拓自日本引進較為齊全的器材設備，又擁有充足的技術人員，修復工程進展順利，很快恢復了市內自來水的運營。以後日軍攻佔其他廣東城市後，均由台拓接管市內公用事業。12 因此，日佔後的香港水務，也順理成章地交由台拓接管。

台拓於 1938 年 11 月，已在雪廠街的松原旅館設香港駐在員事務所，該事務所原隸屬廣東支店。在香港淪陷後，台拓派遣人員來完成自來水修復工程。自 1943 年 8 月起，事務所一直進行水道廠（即水務局）之委託經營。事務所後來升格為出張所。當時香港水道廠直屬出張所，由技師藏滿盛秀擔任技術課長，都築元次任總務課長 / 廠長代理，市川堅治任營業課長，這些人員全由廣東支店調派過來。13

然而，台拓的管理只能用劣質來形容。在淪陷初期，水務設施由華籍人員作最基本的運作，情況還不至於很壞，供水應該如常。軍政府也在明渠以

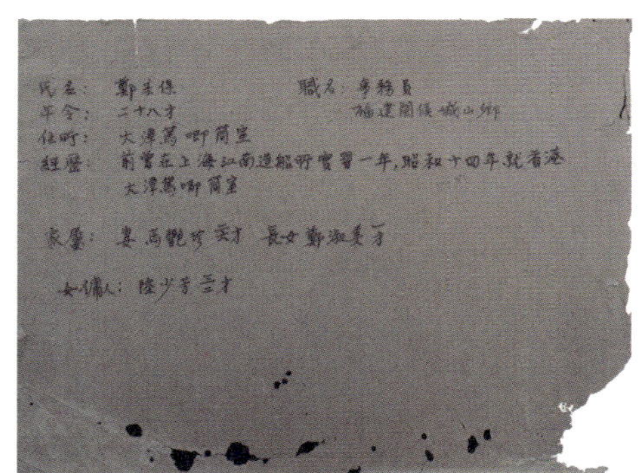

氏名：鄭来保　職名：事務員
年令：二十八才　福建閩侯城山鄉
住所：大潭篤唧筒室
經歷：前曾在上海江南造船所實習一年，昭和十四年就香港大潭篤唧筒室
家屬：妻 高艷[illegible] [illegible]才 長女 鄭淑貞 [illegible]才
女傭人：陸少芳 [illegible]才

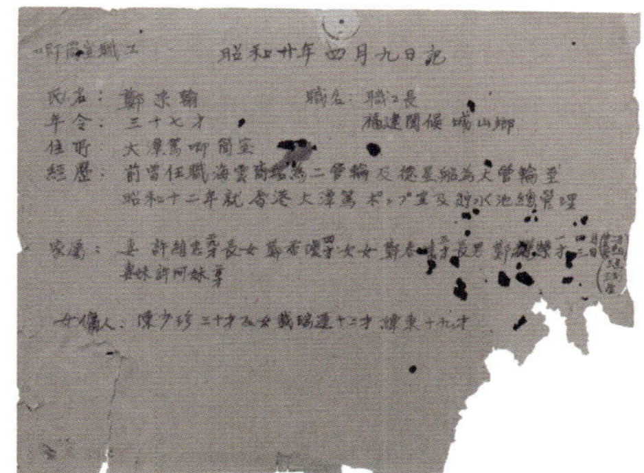

[illegible]職工　昭和廿年四月九日記
氏名：鄭京翰　職名：職工長
年令：三十七才　福建閩侯城山鄉
住所：大潭篤唧筒室
經歷：前曾任職海雲商船為二管輪及德星船為大管輪至昭和十二年就香港大潭篤ポンプ室及貯水池總管理
家屬：妻 許[illegible] 長女 鄭[illegible] 次女 鄭[illegible] 長男 鄭[illegible]
妻妹 許阿妹 [illegible]
女傭人：陳少珍 二十才 [illegible] 十二才 [illegible] 十九才

在大潭水塘發現的日文員工資料文稿（圖片由水務署提供）

1941 年位於雪廠街的松原旅館（American Geographical Society Library, University of Wisconsin-Milwaukee Libraries）

混凝土興建一些小水池來集水應用。但隨著時間推進，台拓對水務設施不保養、不維修，任由設施不能有效運作，甚至失去功能。其中在戰前已落成的花園配水庫（當時名為 Botanical Gardens Reservoir）的西北角一直漏水嚴重，儲水量只剩三分之一，以致中環一帶幾近斷水。至於那些小水池，變成穢物及屍體的收留所，完全不能儲存可用的清水，更成為衛生隱患，14 但當局仍是不聞不問。

水務設施沒有得到維修保養，仍未算最差，情況更甚者，日軍會將設施拆走作其他非供水用途，如花園塘旁邊的抽水站（Garden Road Pumping Station）和雅賓利抽水站（Albany Pumping Station，舊稱亞彬彌）的新式柴油水泵，在 1939 年才安裝，簇新的設備自然被日軍拆走。戰後在大帽山頂尋回雅賓利抽水站的其中一台，相信是用於日軍雷達站，以維持站內的水電供應。

另外，戰前所有已過濾的水都有加入氯氣消毒，而氯氣需要靠金屬製造的氯氣樽儲存。淪陷後日軍搶掠了大部分金屬製品運返老家，將其熔掉以鑄造武器，氯氣樽自然不能倖免。沒有氯氣消毒自來水，水體的致病風險跟井水或明渠取來的水不相伯仲。戰時因飲用不潔食水而感染痢疾的情況，已是司空見慣。

至 1943 年，燃料、煤炭和木材開始缺乏，發電廠甚至需要限時供電，而水泵靠電力推動，不難想像停水是必然的後果。當時日本人曾搬動過滙豐銀行的大型發電機到抽水站（不肯定是否指薄扶林道抽水站），並用皮帶去帶動蒸氣機的飛輪來泵水，但無從得知此情況維持多久，效能又如何。

港府在 1938 年推出《水務設施規例》後，隨即在港九各處安裝大量水錶，但當時金屬有價，水錶又隨街安裝，自然成為盜竊或破壞的對象。不過市民又未必主動向當局匯報水錶損毀，因而使水務署職員無法抄錄讀數，藉此少交水費。於是當局只能靠抄錶員把壞掉的水錶拆下，帶回去維修或更換。15 於 1941 年年底，為遏止情況惡化，政府決定把水錶裝回大廈內，可是香港不久即告淪陷，相信新水錶還未及安裝，舊水錶已大量被盜或失靈。

日佔時期被日軍於雅賓利抽水站拆走的新式柴油水泵（由 Messrs. W. H. Allen & Co. 製造），戰後在大帽山尋回。如今重返原位，但它傳奇的經歷卻甚少提及。（圖片由水務署提供）

戶外水錶多被竊

水務當局新法防盜

戶外水錶將移裝於屋內

大道西已開始改裝工作

金馬士奇被控

不參加操演

救濟銅元缺乏

將再發輔幣

電車券代找贖

財政司托結

政府決定把水錶裝回大廈內，可是香港不久即告淪陷。（《香港工商日報》1941 年 10 月 2 日）

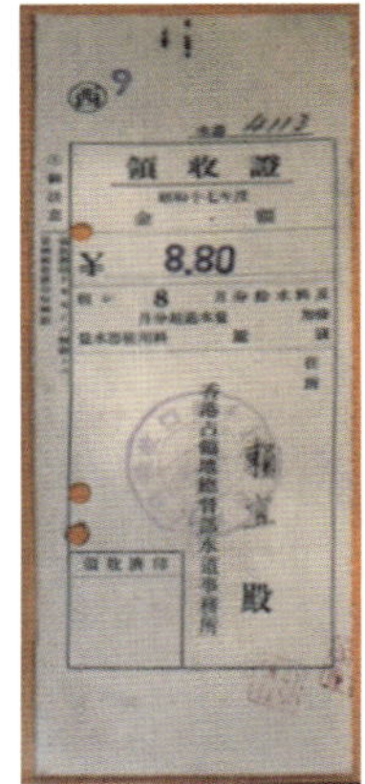

日佔時期的水費單（圖片由張順光先生提供）

結果，戰前全港約有三萬個水錶，到 1943 年只剩 17,000 個，當中不乏失靈的水錶。日軍政府於是決定，用戶的水錶若能運作，則根據水錶按量收費，首 1,000 加侖 5 元軍票，往後每 100 加侖 0.5 元軍票，若水錶已告毀壞，便以日佔後第一次收費時的用量估計。但至 1944 年軍票大幅貶值，未知水費如何計算。

水務復元

日軍投降後，香港水務設施能在短時間內復元，其一是水務設施沒有受到多大的損毀，主要破損源於日久失修或設施物料被盜竊所致，16 修復難度不大；其二是戰後很多被驅逐、逃離香港或倖存的水務仝人紛紛返回崗位，

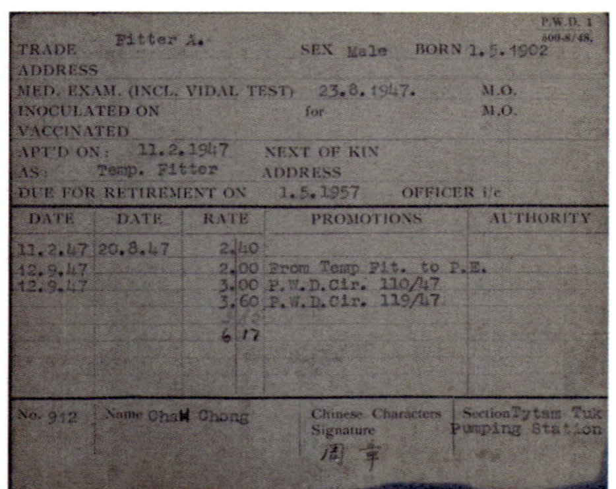

P.W.D. 1
500-8/48.

TRADE Fitter A. SEX Male BORN 1.5.1902
ADDRESS
MED. EXAM. (INCL. VIDAL TEST) 23.8.1947. M.O.
INOCULATED ON for M.O.
VACCINATED
APT'D ON: 11.2.1947 NEXT OF KIN
AS: Temp. Fitter ADDRESS
DUE FOR RETIREMENT ON 1.5.1957 OFFICER i/c

DATE	DATE	RATE	PROMOTIONS	AUTHORITY
11.2.47	20.8.47	2.40		
12.9.47		2.00	From Temp Fit. to P.E.	
12.9.47		3.00	P.W.D.Cir. 110/47	
		3.60	P.W.D.Cir. 119/47	
		6.17		

No. 912 Name Chan Chong Chinese Characters Signature 周章 Section Tytam Tuk Pumping Station

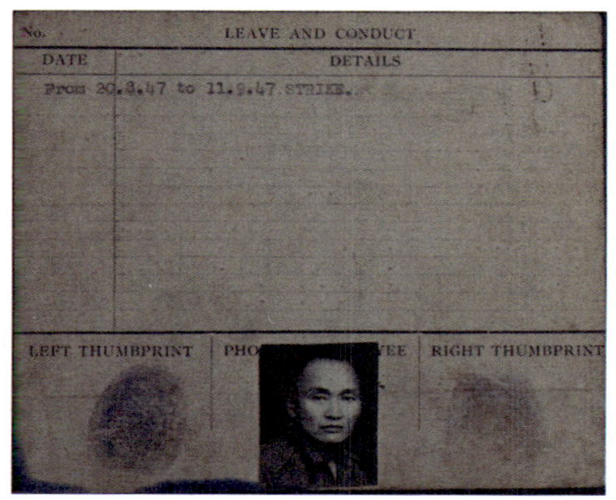

No. LEAVE AND CONDUCT

DATE	DETAILS
From 20.8.47 to 11.9.47 STRIKE.	

LEFT THUMBPRINT PHO... EE RIGHT THUMBPRINT

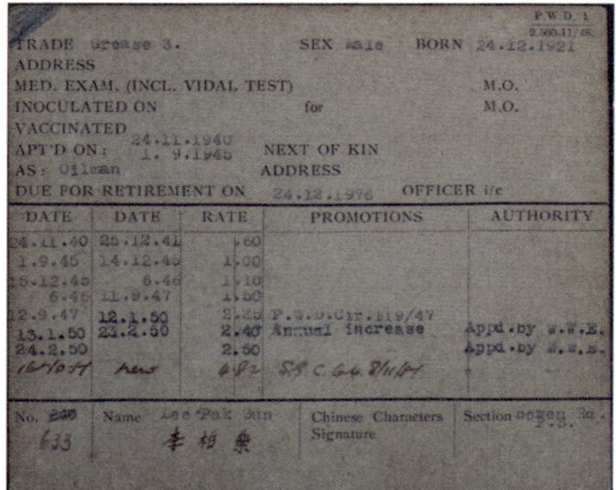

P.W.D. 1

TRADE Grease 3. SEX Male BORN 24.12.1921
ADDRESS
MED. EXAM. (INCL. VIDAL TEST) M.O.
INOCULATED ON for M.O.
VACCINATED
APT'D ON: 24.11.1940 1.9.1945 NEXT OF KIN
AS: Oilman ADDRESS
DUE FOR RETIREMENT ON 24.12.1976 OFFICER i/c

DATE	DATE	RATE	PROMOTIONS	AUTHORITY
24.11.40	25.12.41	.60		
1.9.45	14.12.45	1.00		
15.12.45	6.46	1.10		
6.46	11.9.47	1.50		
12.9.47	12.1.50	2.25	P.W.D.Cir.119/47	
13.1.50	23.2.50	2.40	Annual increase	Appd.by W.W.E.
24.2.50		2.50		Appd.by W.W.E.

No. 633 Name Lee Pak Sun 李柏桑 Chinese Characters Signature Section

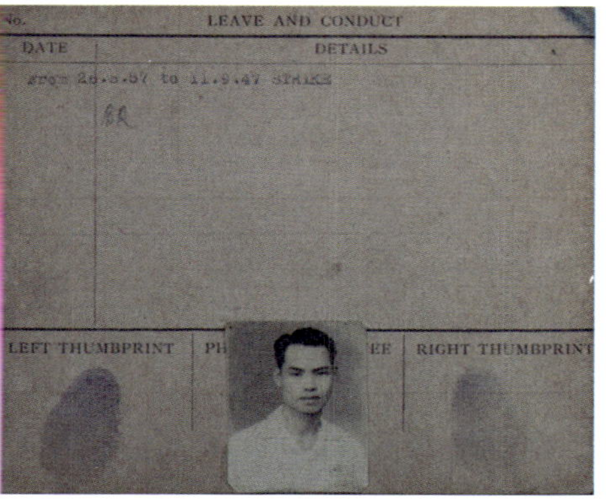

No. LEAVE AND CONDUCT

DATE	DETAILS
From 20.8.47 to 11.9.47 STRIKE	

LEFT THUMBPRINT PH... EE RIGHT THUMBPRINT

不少水務工人在戰後（1947 年 9 月）立即返回崗位（圖片由水務署提供）

由工程師到技工，均全情投入水務復元工作，供水設施也按部修妥，漸漸返回正軌，戰前籌備的大欖涌供水系統計劃，也立即重新啟動。

另外還有一項有趣的小插曲：在戰後物資的重置清單中，有一項為參考書；皆因署方發現在日軍政府撤離後，所有技術參考書統統不翼而飛。看來日佔時期的人員對香港水務技術，真是仰慕之至，以致離開時也不忘把書本帶走。17

水務署有拍攝集體照片的傳統，在日佔時期仍無間斷，當時稱為香港佔領地總督部管理香港水道廠。（圖片由林炳炎先生提供）

送水一個半世紀的古水道

香港開埠最具規模的公共基建設施，除了是集「執法、審判、懲治」三合一功能的大館之外，就是水務設施了。因為建設維多利亞城，治亂世重要，生存更重要，所以水務設施建設都是不惜工本，而且成果經得起時間考驗。時至今日，大館已成為休閒設施，但靜靜躺在港島中西區山間的香港第一條水道連隧道設施——薄扶林輸水道，已建成近 150 年，部分段位仍持續運作，默默為區內市民送水。

1873 年 7 月 20 日，為香港留下最多古蹟、但在任期間是非不斷的裴樂士 18 抵港，擔任量地官一職，接掌工務司署。裴樂士隨即與正為薄扶林水塘供水系統收拾爛攤子的工程師羅連遜（Robert Rawlinson）商議，如何將幾乎得物無所用的薄扶林水塘，更好地執行供水任務。當時除了考慮擴建水塘，裴樂士還在籌劃大潭的水務鴻圖。

後來他們有了輸水道的構思，並在 1875 年的定例局會議上，提出了有關建議的雛形：

繼續讓山洪在炎熱及多雨的月份透過薄扶林水塘溢洪道流出是極不明智的，因為透過足夠容量的輸水道，這些山洪可以被轉導，從而為市民帶來極大舒適及提升健康。19

裴樂士原來的大計，是主力拓展大潭水務工程，預計工程完成後，可以為維城提供 90% 的用水，餘下的一成交由改善後的薄扶林供水系統支援[20]好了。根據原來的大潭水務系統設計，原水將以石製的隧道輸送，而非鐵水管，因裴樂士認為，鐵水管在幾年後會出現鏽蝕，但石製輸水道則可持續使用多年。再者，鐵水管埋於地底，無法在中途增加城市的供水量，反而建於地面的輸水道，卻可將路徑上所經過的山溪轉化為額外水源，通過沿途的設施接收，從而增加供水量。此外，輸水道還可在大潭水道因故障或維修而被迫暫時停水的情況下，仍可以從水渠中繼續供水一兩天。[21]之前他們向政府推介的薄扶林輸水道工程，亦屬同一概念。

可惜其時香港缺乏飲用水，政府也缺乏財務之「水」，故大潭供水計劃只能削足就履，初期工程建議的輸水道變回鐵水管。[22]反而薄扶林輸水道工程卻能過關，並於 1876 年和今為法定古蹟的量水站工程一同招標興建。自此，香港首條石製輸水道，連同香港首條隧道的頭銜，便置於薄扶林輸水道之上。

薄扶林輸水道由水務工程師 William Danby[23]負責，只消約一年多時間

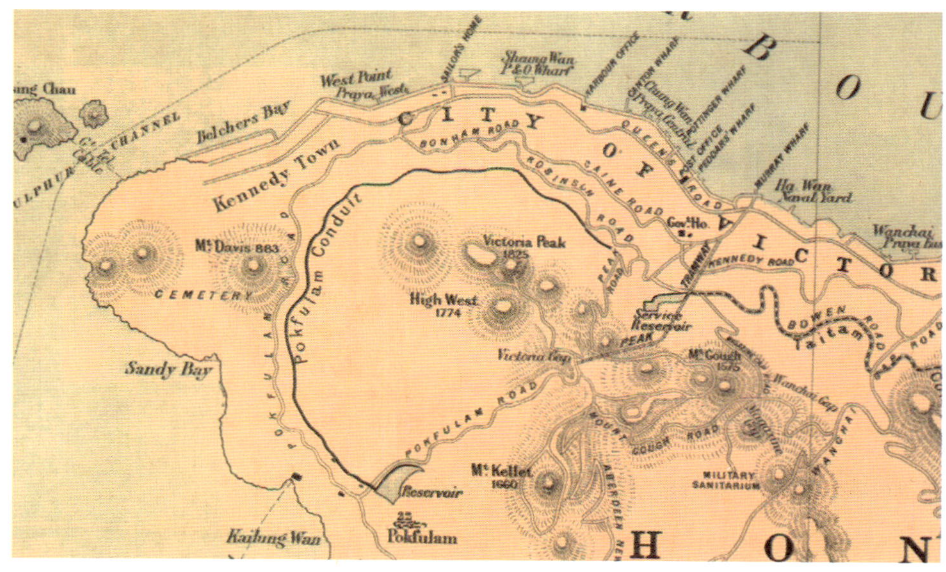

1888 年地圖顯示的薄扶林輸水道路徑（Hong Kong Historic Maps 取自 https://www.hkmaps.hk/map.html?1888.1）

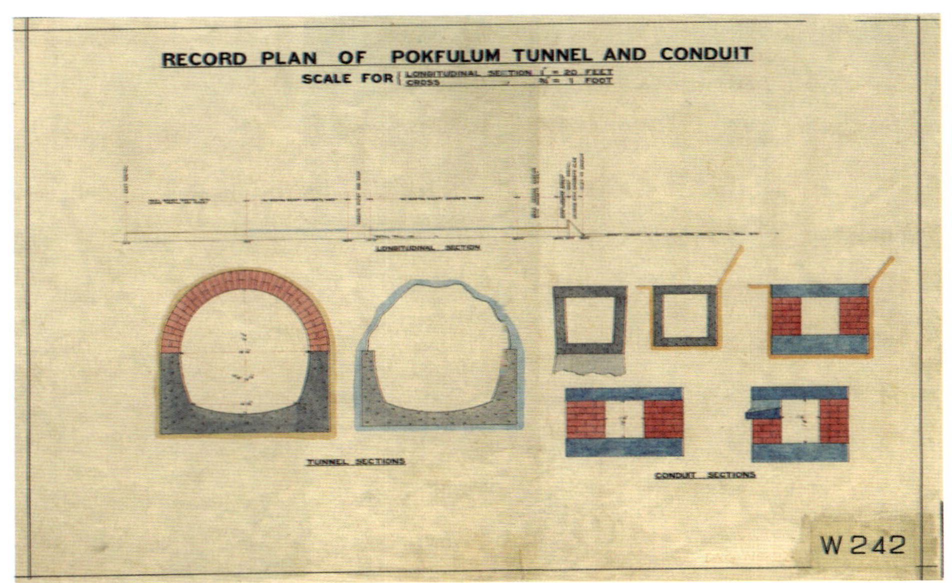

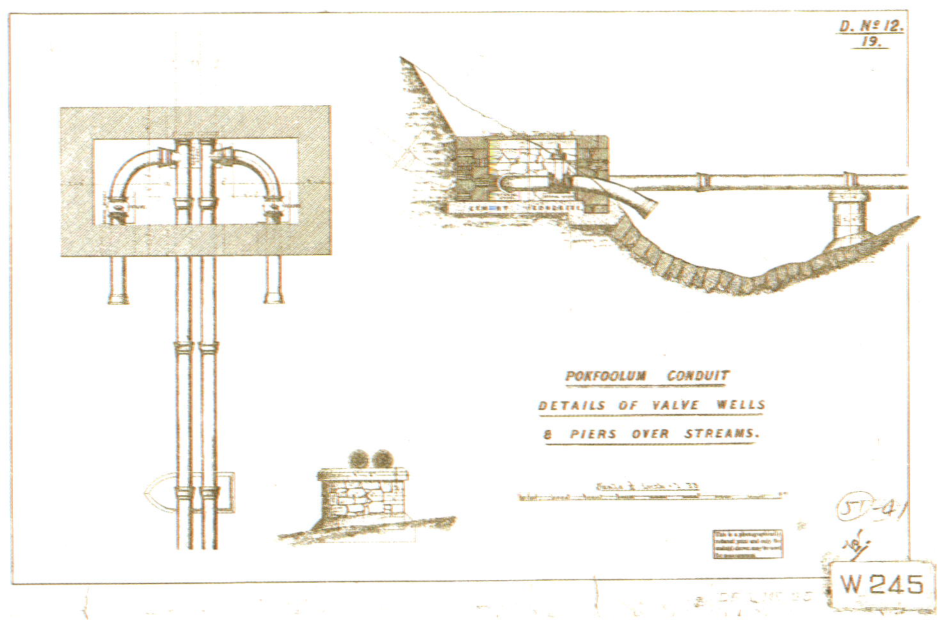

薄扶林輸水道及其設施的設計圖則（圖片由水務署提供）

即告完成，可謂「快、靚、正」，難怪連時任港督軒尼詩也對工程盛讚，並大大歸功於量地官。24 薄扶林輸水道沿著山腰等高線海拔約500呎處修建，以薄扶林為起點，通往位於己連拿利谷的雅賓利水缸群。這條輸水道總長17,840 呎，主要為磚石結構，橫截面為 1 呎 6 吋乘 1 呎 6 吋的矩形。

輸水道中途跨越五個溪谷，當中裝設了鑄鐵的倒虹吸管，這些虹吸管由兩根直徑 10 吋的鐵水管接駁。水道始段以每天運送 200 萬加侖原水的能力設計，但到達四號虹吸管時（即近現時干德道與衛城道交界），部分原水已經在上游部分取去，因此往後的水道運水能力下降至每天 170 萬加侖。工程總成本為 62,090.76 元，於 1877 年完工後，薄扶林道上原來的 10

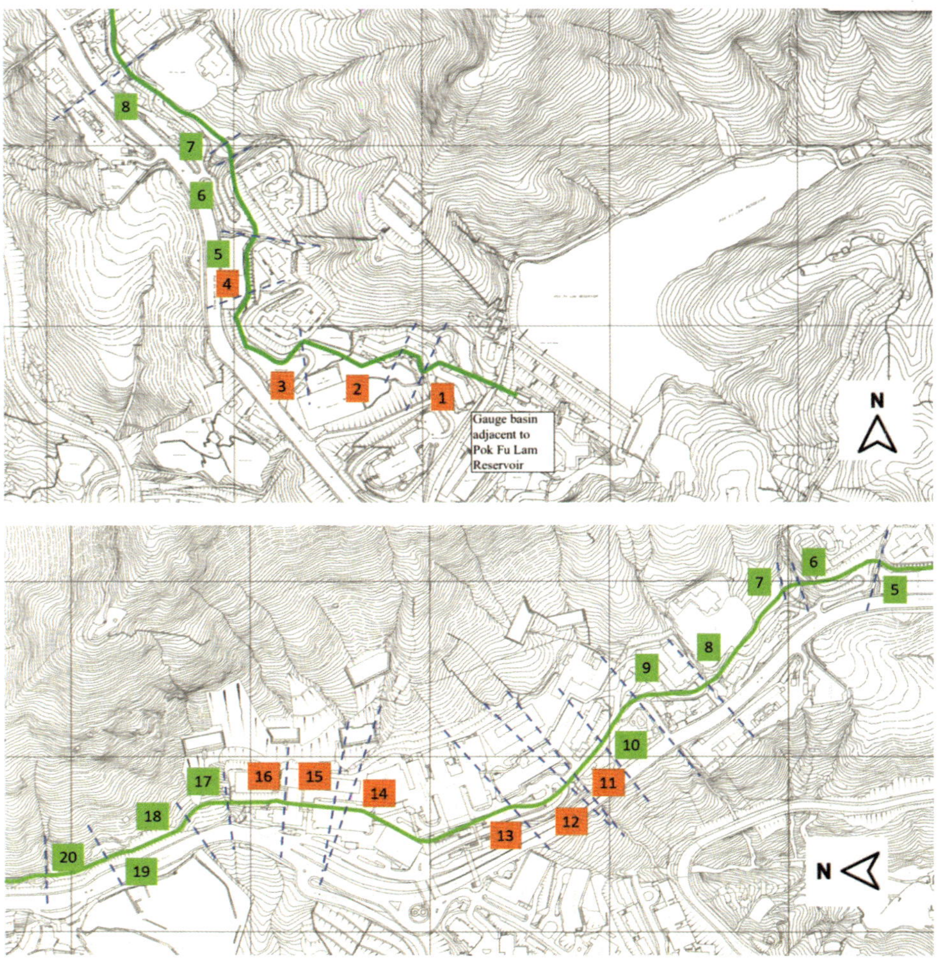

葉賜權先生在實地研究後，估計由薄扶林水塘至港大校園區 20 條輸水橋的位置。（葉賜權先生製圖）

水道建成百年至今，仍然在運送原水。（劉國偉攝）

吋生鐵主水管隨即被拆去。25

理想再好，現實終究是殘酷的；儘管輸水道確保了薄扶林的水可輸送至羅便臣道以上的高度（海拔 300 呎），但並未增加旱季每日可用的供水量，實際狀況與 1873 年時相差無幾。26 後來谷柏雖然對薄扶林輸水道的成效有所保留，但它算得上是中西區的重要水務基建，而且非常耐用，如今由水塘至香港大學一帶的水道，仍在運送原水，管道內部還會應用當今的防水物料塗層作保養，維持功能百年不衰。

水道初期全段均輸送原水，直至 1889 年興建了青草山沙濾池 27 作過濾之後，便由原本輸水渠轉為水喉輸送食水至中區。從旭龢道起至中區的段落，自 1910 年起政府正式將此段路面改建為馬路，並命名為干德道（Conduit Road，也曾稱為薄扶林干讀道、干讀道），在在說明了這段薄扶林輸水道改建後的位置，28 干德道雖然位處半山，但仍保留了輸水道沿 500 呎等高線興建的平坦特色。

更重要的是，這條古水道的外觀建築非常講究，輸水道的入口石飾面做工細緻，沿著蜿蜒曲折的山路延伸至香港大學的水道，由 32 座石橋所承托，橋身物料為紅磚及花崗岩，設計盡見維多利亞時期水利工程的精巧特色。29

橋上的輸水道面石板大多劃一以約 38 吋長、15 吋闊、以及約 6 吋高的花崗岩板組成，人手鑿製的板件平滑得猶如機器切割般。大部分石板為「ㄟ」形「起級」的方式前後互相緊扣，全無虛位，使橋面石板不易移位，在上面行走，絕無搖晃不穩的感覺，若要打開維修水道內襯亦不難。以當時大型非居住的土木建築來說，水道石橋的石工水平著實精湛，無怪不少香港史學家認為，石匠是香港在 19 世紀建城的無名英雄。

此外，除了裝設倒虹吸管 30 的石橋外，組成輸水道所有橋大多有拱券及兩個獨有的共同特徵——翼牆和編號，走在這些維多利亞時代的古橋上，不但可發思古之幽情，還可以隨著編號踏石尋橋。其中，第 25 號橋的輸水道有一特別處，它向山的那邊多了一個圓孔。沒有現存工程圖說明此圓孔的用途，但谷柏早在 1896 年的水務報告提到，在旱季時水塘的供水仍不足夠，有需要在幾個輸水道與溪流交會點進一步把溪水引入輸水道之內，這個圓孔有可能正為此而設。31

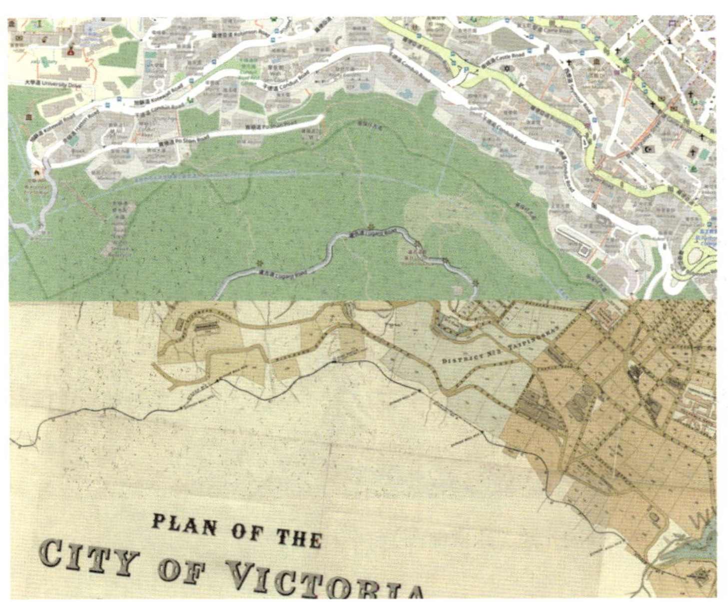

古水道與干德道位置比較（Hong Kong Historic Maps 取自 https://www.hkmaps.hk/）

「ㄣ」形橋面石板（劉國偉攝）

薄扶林輸水渠第 23 號倒虹吸管模擬復元圖（劉國偉攝）

然而，當大家踏石尋橋時，可能會有心痛的感覺，因為 11 至 16 號輸水道在瑪麗醫院擴建時已拆去；而在 2008 年，龍虎山發生山泥傾瀉，掩埋了其中一段輸水渠。幸而在泥石清理後，發現輸水道仍「奇蹟生還」，但自此位於塌坡以西的輸水道改接水管，輸水往港大百周年校園內的西區海水配水庫，塌坡以東的輸水道則被廢棄，完成歷史任務。

現時只有 16 條輸水道橋保持完整面貌，但僅九號輸水道被列為二級歷史建築。如果現存的完整輸水道可跟同期的薄扶林水塘相關設施一樣，獲評為法定古蹟，並得到妥善保養及保護，便更為理想。而且，它所處地段的山色幽美，是健行郊遊的理想之處，加上它至今還在使用中，根本不用再費神去「活化古蹟」呢！

唯一得到歷史建築物評級的九號橋（劉國偉攝）

很多水道橋仍完整保留並運作中，但未有歷史建築物評級。（劉國偉攝）

註釋

1 立法局 1938 年 9 月 1 日會議記錄。

2 Splitter Proof 是一個獨立的地下密室，以一條樓梯接連地面，用來躲避炸彈或建築物碎片，減低受傷機會。但它並沒有通風設備，相信只能供人員短時間逗留。

3 Public Works Report 1939.

4 鄺智文、蔡耀倫：《孤獨前哨：太平洋戰爭中的香港戰役》，天地圖書有限公司，2013 年，頁 397。

5 鄺智文、蔡耀倫：《孤獨前哨：太平洋戰爭中的香港戰役》，頁 259。

6 鄺智文：《重光之路：日據香港與太平洋戰爭》，天地圖書有限公司，2015 年，頁 42。

7 資料由 Hong Kong War Diary 版主 Mr. Tony Banham 提供。

8 鄺智文：《重光之路：日據香港與太平洋戰爭》，頁 484-485。

9 原賀昂：《香港水道調查報告書》，台灣總督府外事部，1942 年。

10 同上注。

11 鄺智文：《重光之路：日據香港與太平洋戰爭》，頁 122。

12 王鍵：抗戰時期台灣拓殖株式会社對廣東、海南的經濟侵略，中國經濟史論壇，2011 年 7 月 4 日，http://economy.guoxue.com/?p=1807。

13 王學新編：《台灣拓殖株式會社檔案清冊目錄》，台灣文獻館，2017 年，頁 86-88。

14 Tymon, Hong Kong Water - War Time Supplies, 16 June 2020 (https://industrialhistoryhk.org/hong-kong-water-war-time-supplies/), accessed on 28 July 2024.

15 資料由水務署前員工黎材在 2000 年接受訪問時提供。

16 Hong Kong Public Work Report 1946-47.

17 同上注。

18 馬冠堯：《香港工程考 II：三十一條以工程師命名的街道》，三聯書店（香港）有限公司，2014 年，頁 122。

19 *The Hong Kong Government Gazette*, Vol. XXL, 4 September 1875.

20 J. M. Price, *Report by the Surveyor-General on the Progress and Present Position of*

the Tytam Water Works, 25 June 1884.

21 J. M. Price, *Surveyor-General's Report on the Tytam Water-Works*, 1 November 1885.

22 裴樂士後來續向政府爭取，把鐵喉管改回輸水道。

23 William Danby 後來和 Granville Sharp 組成 Sharp & Danby 事務所，即現今的利安顧問有限公司前身。

24 《德臣西報》，1877 年 11 月 28 日。

25 當時水喉經由英國長途運送，並且所費不菲，在政府缺乏資金和耗時運送的情況下，相信移除後的水喉會重新整理，在其他合適處重用。

26 Francis Cooper, *Report on the Water Supply of the City of Victoria and Hill District*, 1896, Hong Kong.

27 青草山沙濾池（West Point Filter Beds，又稱 Pokfoolum Filter Beds），即現時香港大學校園背後的龍虎山環境教育中心位置，該中心前為西環濾水廠平房、職員宿舍及工人宿舍的建築群。

28 作者按：干德道為半山高尚住宅區，曾位於該處的超級豪宅包括富豪遮打爵士的雲石堂（Marble Hall，位於干德道 1 號）及太古買辦莫幹生（1882-1958）大宅（位於干德道 41 號）。雲石堂大宅在薄扶林水塘擴建前，即約 1869 年建成。1935 年遮打爵士離世後，其遺孀把大宅捐贈給政府。大宅在 1946 年為祝融所毀，政府在 1953 年把原址改建為高級公務員宿舍遮打堂（Chater Hall），並留下未被燒毀的守衛室，現為二級歷史建築。

莫幹生大宅，與同街的雲石堂互相輝映。1951 年大宅部分租予外國記者俱樂部（今稱香港外國記者會），又曾借給二十世紀霍士公司取景拍攝電影《生死戀》（1955 年香港上映）。莫幹生逝世後不久大宅易手，大宅在 1970 年拆卸，重建為聯邦花園，舊宅的後花園台階遺蹟現仍可見。參考陳天權：莫幹生（1882-1958），20 October 2021 (https://www.facebook.com/Chan.tin.kuen/posts/pfbid02Bj9pY8ptXK4DbyReiupAfx4maghDPgtpd854rFKLrPxmH1jE94PWmom476grv4FZl), accessed on 15 August 2024。

29 AAB, Pok Fu Lam Conduit, Hong Kong, Historic Building Appraisal No. 429.

30 作者按：由於薄扶林溪谷部分地段的集水山坡較大幅又陡峭，水流極為急湍，每次大雨都必定山洪暴發。為免輸水道被山洪沖毀，須將石製輸水道轉為水管，改經較下游位置，以倒虹吸管（inverted siphon）形式，橫過比較闊的下游溪流段，引水入水道之中，增加供水量。其後由於建造技術經過改良，倒虹吸管不再使用，改為加建新的輸水道及橋，連同原有的輸水道及橋成為現時的碧珊徑。

31 本書關於輸水道現況的部分，主要參考水知園前顧問葉賜權先生在水務署刊物《點滴》第 122 及 123 期的〈薄扶林水之道：踏石尋橋記〉一文，本文亦在葉先生指導下寫成。

策劃編輯　梁偉基

責任編輯　許正旺

書籍設計　洪清淇

書籍排版　陳美連

書　　名　唯水是問：隱藏於香港水務歷史的人和事

著　　者　陳子浩　黃曦諾　蔡元貴　Ling HO

攝 影 者　劉國偉

插 圖 者　韓匀宜

出　　版　三聯書店（香港）有限公司

香港北角英皇道四九九號北角工業大廈二十樓

香港發行　香港聯合書刊物流有限公司

香港新界荃灣德士古道二二〇至二四八號十六樓

印　　刷　美雅印刷製本有限公司

香港九龍觀塘榮業街六號四樓A室

版　　次　二〇二五年七月香港第一版第一次印刷

規　　格　十六開（168 mm × 230 mm）二四〇面

國際書號　ISBN 978-962-04-5708-1